Marcel DUREY

# NÉRAC

ET LE

# Château Henri IV

Depuis l'origine jusqu'à nos jours

Préface de M. Marcel PRÉVOST, de l'Académie Française

PLAN DE NÉRAC AU XVIe SIÈCLE

Dressé par M. PICAREAU, Dessinateur

NÉRAC 1926

A MA VILLE NATALE

*M. D.*

# NÉRAC ET LE CHATEAU HENRI IV

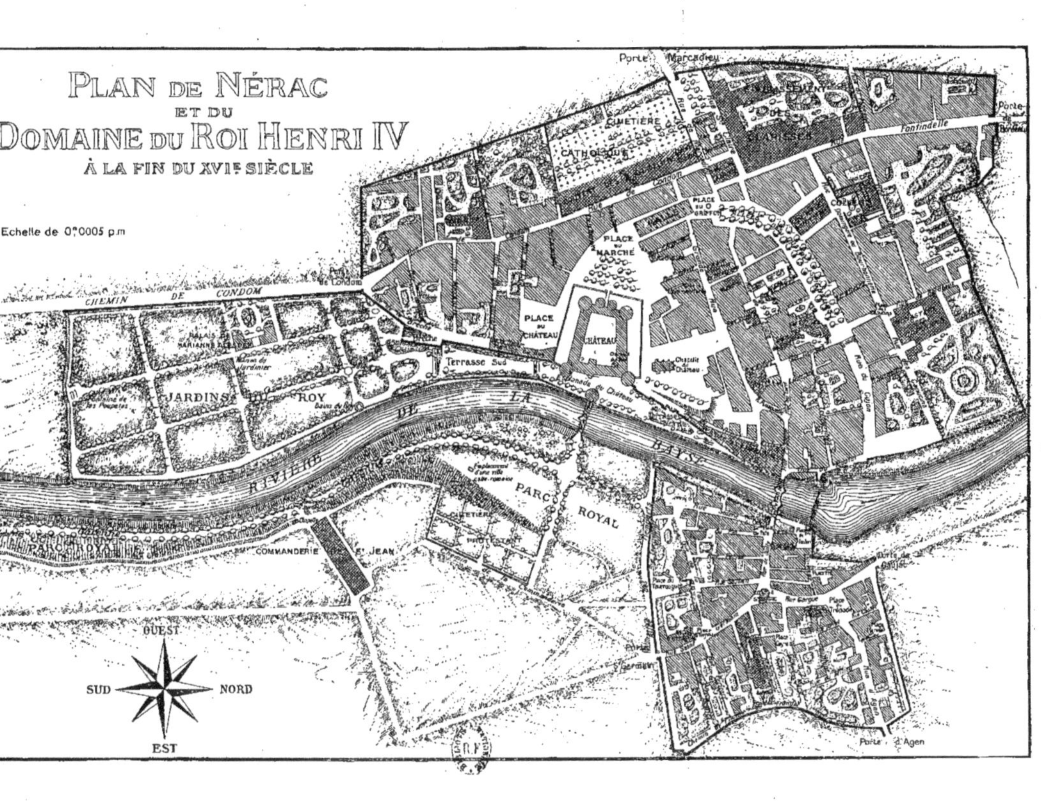
PLAN DE NÉRAC
ET DU
DOMAINE DU ROI HENRI IV
À LA FIN DU XVIe SIÈCLE
Echelle de 0,0005 p.m
CHEMIN DE CONDOM
JARDINS DU ROY
Terrasse Sud
PLACE DU CHÂTEAU
CHÂTEAU
PLACE DU MARCHÉ
CIMETIÈRE
CATHOLIQUE
CLARISSES
Fontindelle
RIVIÈRE DE LA BAYSE
PARC ROYAL
COMMANDERIE ST JEAN
Porte Marcadieu
Porte d'Agen
OUEST
SUD
NORD
EST

Marcel DUREY

# NÉRAC
## ET LE
# Château Henri IV

Depuis l'origine jusqu'à nos jours

**Monographie Historique, Archéologique et Anecdotique**

**Préface de M. Marcel PRÉVOST, de l'Académie Française**

OUVRAGE PATRONNÉ PAR LA

Fédération des Syndicats d'Initiative Guienne-Gascogne Côte-d'Argent, par le Touring-Club de France et par la Municipalité de Nérac

ORNÉ DE GRAVURES HORS TEXTE ET NOTAMMENT D'UN

PLAN REPRÉSENTANT LA VILLE ET LE CHATEAU

TELS QU'ILS ÉTAIENT AU TEMPS DES ROIS DE NAVARRE

**Dressé par M. PICAREAU, Dessinateur**

NÉRAC 1926

# PRÉFACE

*Pour aborder dans sa plus gracieuse apparence la charmante et vénérable Capitale de l'Albret, négligez la route moderne, rectiligne et plate, qui la joint au confluent de Baïse et de Gélise, aux fronts juxtaposés de Lavardac et de Barbaste.*

*Choisissez le vieux chemin sinueux, ondulé, fantaisiste qui, depuis le champ de repos de Lavardac, suit tant bien que mal la rive droite de Baïse, se tenant dignement à flanc de côteau, afin de dominer la plaine, d'y découvrir les châteaux ruinés, déchus ou prospères — Séguinotte, la Grange-Monrepos, Le Bournac, — afin d'apercevoir de temps en temps, par une échappée, le vert miroir de la rivière, profondément enchâssé dans ses bords de terre rouge, et finalement pour pointer face à face vers la ville du roi Henri, campée sur les deux côteaux que cette même Baïse disjoint.*

*Ainsi Nérac garde son allure princière, et, malgré qu'une cathédrale, d'ailleurs belle, mais franchement « Saint-Sulpice » la surmonte, son cachet d'ancienneté...*

*A mesure qu'on avance vers elle, c'est par le pitto-*

*resque de son vieux pont en dos d'âne, aux arches ogivales, qu'elle se découvre au regard, et par les surprenantes maisons du Petit-Nérac, qui est le vieux Nérac, le Nérac de Sully et de son roi. Enfin, dès qu'on est tout proche des faubourgs, sur la route en corniche, le réplique de Saint-Sulpice semble s'enfoncer sous le décor seizième siècle et se dérober modestement derrière le dièdre imposant, énorme, aigu, aux tuiles plates, couleur de vieux sang desséché, que lui superpose la toiture du Château Henri IV.*

*Vrai, peu d'antiques cités françaises ont cette prestance. Mais quiconque n'a pas vu Nérac de cet observatoire ne la connaît que par morceaux. Il est juste d'ajouter que ces morceaux ont de la beauté, — par exemple l'incomparable Garenne de Marguerite de Valois, ou encore ce coin délicieux : le bout de la Promenade des Petites-Allées vers le vieux pont, coin aristocratique, coin délicieusement « province », fait pour encadrer un roman Balzacien, intense et silencieux.*

*
* *

*M. Marcel Durey, néracais fervent, écrivain distingué, bon érudit sans pédantisme, a consacré des années de recherches, d'observations et de méditations à construire, en l'honneur de Nérac, un véritable monument littéraire, artistique, historique.*

*Depuis les origines gallo-romaines jusqu'à nos jours, son livre suit l'évolution, la vie de la cité. Au pittoresque du lieu, sensible pour tout regard de pèlerin artiste, voici que l'évocation du passé surajoute le pittoresque de l'histoire.*

*Et quelle histoire ! Peu de villes en peuvent revendiquer une aussi ancienne, aussi émouvante, voire aussi brillante et galante. Et quiconque aura lu avec attention ces pages soigneuses et gracieuses, fleuries d'images, contemplera désormais avec plus de plaisir et de profit les belles arcades du château Henri IV, aux ellipses inégales, aux piliers harmonieusement tors.*

*De telles monographies sont utiles, bienfaisantes, fussent-elles élaborées, comme trop souvent il arrive, par un scribe simplement honnête et consciencieux. Elles s'agrègent au meilleur patrimoine historique de la France quand un écrivain digne de ce nom, comme M. Marcel Durey, leur a consacré son effort et son talent.*

**Marcel PRÉVOST**

de l'Académie Française.

# INTRODUCTION

L'histoire de Nérac et du pays d'Albret a tenté plusieurs auteurs.

En 1876, M. Faugère-Dubourg, dont je fus le collaborateur et l'ami, publiait la GUIRLANDE DES MARGUERITES, recueil de notes et de sonnets qui jetait quelques clartés sur la cité d'Henri IV.

Or, voici que, cinquante ans après, le vieux Château de Nérac vient de ressentir les premiers tressaillements d'une restauration.

A l'heure où ce qui reste de l'ancienne demeure des Rois de Navarre voit tomber sous la pioche des démolisseurs les maisons qui avaient poussé parasitairement à ses pieds, je viens, à mon tour, faire œuvre utile de Néracais en publiant et en dédiant à ma ville natale des pages que j'ai pu enrichir de faits historiques ayant échappé aux conteurs qui nous ont précédés, — des pages que j'ai pu surtout émailler de traits inédits puisés à de précieux manuscrits ; et cela m'a permis d'éclairer certaines lacunes, erreurs ou contradictions existant dans les monographies connues.

Pour la clarté de mon exposé, je divise en trois époques la vie de Nérac et du Château.

La PREMIÈRE va de l'origine gallo-romaine au seuil du Moyen-âge. La SECONDE se poursuit jusqu'à la Révolution française. La TROISIEME se termine de nos jours.

Je n'ai pas cru devoir adopter la forme habituelle dans l'ordre chronologique des dates ; j'ai mieux aimé promener le lecteur à travers l'évolution de la cité ; il y verra les faits se rapportant à tel ou tel monument, à telle ou telle transformation de rue ou de place, à tel ou tel personnage, avec les dates propres à chacun d'eux.

Cela fera pénétrer parfois dans certaines intimités, telle la scène violente que provoquèrent sur la galerie nord du Château, un jour de fête populaire, les démêlés conjugaux de Marguerite d'Angoulême avec son royal époux Henri d'Albret, — telle également la piquante aventure de Diane d'Andouins à la Tour d'Avance, venant mettre un intermède tragi-comique à la chasse du Roi Galant.

Et le lecteur trouvera tout naturel que, sans quitter les faits eux-mêmes, certaines évocations viennent agrémenter la sécheresse de l'Histoire.

Marcel DUREY.

# I

# PREMIÈRE ÉPOQUE

## Origines du Château et de la Ville de Nérac

Les nombreuses substructions gallo-romaines qui, à diverses reprises, ont été mises au jour dans la vallée de la Baïse attestent que Nérac a une existence qui remonte à une haute antiquité.

L'étymologie de son nom se compose de deux mots celtiques *Ner* (près) et *ag* (eaux).

Son origine se perd dans la nuit des âges. Il y a donc lieu de la placer au temps où les fondations d'une première *villa* s'enchâssèrent dans le sol de la Gaule vaincue.

On sait que les Romains, après la conquête, affectionnèrent plus particulièrement, pour s'y établir, les vallées où coulaient les sources nombreuses. A ce point de vue, Nérac se trouvait dans une situation privilégiée. Aussi, l'évolution du régime romain y fût-elle rapide, car nous le voyons s'occupant d'organiser hâtivement le pays soumis par les armes, construisant des ponts et des routes, dictant des lois, et, au milieu d'une activité très grande, sous des Pouvoirs divers, offrant le contraste de mœurs dissolues.

Mais qu'était Nérac au temps où l'empereur Auguste réglait, en l'an 27 avant J.-C., l'organisation du territoire aquitain ? Une grande *villa* environnée d'habitations plus modestes qui abritaient des gens d'inférieure condition.

Cette *villa* occupait, outre l'emplacement du Jardin Public actuel, tout le terre-plein qui domine la Garenne ; les fouilles qui furent pratiquées en 1832, permirent d'en retrouver les fondations massives. C'était un vaste palais dont le portique s'orientait à l'ouest ; autour et à ses pieds, s'étageaient jusqu'à la rivière des bâtiments de plaisance, ainsi qu'en témoignent les ruines et les mosaïques.

Malheureusement, l'artiste à qui l'Administration municipale avait imprudemment confié la direction des fouilles fit œuvre de mystificateur ; il se plut à égarer le monde savant sur les origines de Nérac, à l'aide d'inscriptions apocryphes qu'il mettait sur les bas-reliefs, statuettes ou médaillons retrouvés.

Cet homme, fort habile, qui alla jusqu'à fabriquer et vendre en cachette des antiquités que les archéologues reconnurent fausses, se nommait Théodore Chrétin. Ses fantaisies, inspirées par le souci de besoins matériels toujours plus grands devant les exigences de la vie de plaisir qu'il menait, donnèrent lieu à de nombreux procès. Le faussaire fut démasqué, mais la version qu'il donnait sur l'origine de Nérac n'en demeura pas moins fortement imprimée dans l'esprit de nombreuses personnes. Théodore Chrétin, en effet, faisait croire à la fondation de notre ville par l'empereur Tétricus.

Or, aucun document ne l'indique.

Que Théodore Chrétin ait voulu voir dans le portique de la *villa* qui dominait la Garenne l'atrium du Palais où le monarque romain aurait festoyé, c'est là une assertion qui serait très admissible. Qu'au contraire, il ait cherché à répandre cette idée dans l'imagination des foules par un froid calcul d'intérêt, cela est plus probable, surtout si l'on songe à « l'affaire du médaillon », — cette supercherie qui eut pu mener loin l'artiste préposé à la direction des fouilles.

En effet, en mars 1833, on avait appris dans Nérac que Théodore Chrétin détenait un médaillon exhumé de la Garenne, et représentant les deux Tétricus, père et fils. Les langues marchèrent. La Municipalité de Nérac ouvrit une enquête, mais un sieur Lalard, beau-frère de Chrétin, déclara que le médaillon provenait de fouilles pratiquées dans son propre jardin.

L'affaire passa, la ville ayant racheté pour 300 francs le médaillon ; mais, six mois plus tard, le faussaire commit l'imprudence de vendre à la *Société Archéologique du Midi de la France* divers marbres et bas-reliefs avec les deux Tétricus. Mise en éveil, la Municipalité revint sur la question du médaillon et, le sieur Lalard ayant rétracté ses précédentes déclarations, en disant que Chrétin avait lui-même fabriqué les objets vendus, l'affaire eut son dénouement devant le tribunal correctionnel.

Ceci est une digression. En rappelant brièvement ces faits, nous avons tenu à montrer sur quelles bases fragiles reposait la prétendue version de Théodore Chrétin au sujet de la fondation de Nérac.

Il est, au contraire, de toute évidence que notre cité avait une existence bien antérieure à l'avènement de l'empereur Tétricus, qui prit la pourpre en 268.

Comment et par qui les constructions gallo-romaines furent-elles détruites ou ravagées ? Sur ce point les précisions font défaut. Ce qui est certain, c'est que pendant quatre siècles et demi le régime romain s'exerça sur l'Aquitaine Ibérique, et que pendant cette longue période de temps le pays se couvrit de luxueuses *villas* qui furent les témoins de l'orgie des derniers Césars.

La civilisation latine façonnait une race.

Les goûts raffinés d'une luxure sans mesure voisinaient avec la froideur des mysticismes profonds. En effet, à côté de salles immenses dont les ruines révèlent l'emplacement d'églises où les premiers chrétiens venaient exalter leur foi, on retrouve les traces de riches palais qui laissent deviner quel sens de la vie matérielle recherchaient les épicuriens de l'époque. Et cela dura jusqu'à l'invasion des Wisigoths en 407. Ceux-ci, douze ans plus tard, fondaient un royaume qui englobait la Novempopulanie avec Toulouse pour capitale.

Doit-on placer à cette époque la destruction de la *villa* gallo-romaine qui fut le premier berceau de Nérac.

C'est probable. Certains auteurs, cependant, ne le pensent pas, et en attribuent la dévastation à Pépin le Bref, en 759.

Cette opinion amène la controverse.

Il est incontestable qu'avec Pépin le Bref, le pays perdit l'indépendance qu'il avait peu à peu reprise après les grandes invasions, mais il serait difficile de ne pas admettre que ces mêmes invasions avaient dû semer la désolation sur leur passage, s'attaquant surtout aux somptueuses habitations. Pendant les trois siècles qui s'écoulèrent entre la première incursion des Wisigoths et la domination de Pépin le Bref, le pays eut trop à souffrir des envahisseurs pour supposer que les riches palais gallo-romains aient pu rester debout.

Mais leurs fondations avaient fort bien pu voir s'élever sur leurs ruines des habitations nouvelles, et l'Aquitaine que ravagea Pépin après sa victoire sur le duc Waifre pouvait fort bien être une Aquitaine née sur les cendres des villas antiques.

Il y a donc tout lieu de croire que les assises de ce qui devait être plus tard Nérac disparurent avec les premières invasions dont les fureurs durent s'exercer sur les riches possesseurs de l'époque. Quelques maisons, des plus modestes, purent se trouver épargnées et furent l'embryon de l'agglomération qui suivit.

C'est ainsi que Nérac se présente au seuil du Moyen-âge, et nous en arrivons tout naturellement à la version de Dupleix, d'après laquelle Aymard, comte de Poitiers, aurait fait don à un monastère St-Jean, vers 895, de ce qu'il appelait lui-même le « méchant bourg de Nérac », qui, d'après la coutume d'Aquitaine, aurait été sa propriété.

Un monastère et une église existaient bien, en effet, à cette époque, sur le plateau de la Garenne qui domine la fontaine St-Jean, et la version de Dupleix nous conduit ainsi directement aux titres authentiques sur lesquels puissent s'appuyer les auteurs : ce sont les actes conservés par le Cartulaire de l'Abbaye de Condom. L'un d'eux relate la donation de la « Seigneurie » de Nérac, faite aux Bénédictins par Arsinus d'Olbion.

Nous ne reproduirons pas le texte intégral de cet acte, écrit en latin ; cela nous entraînerait hors des limites que nous avons dû nous tracer.

Nous devons, cependant, expliquer, en y empruntant quelques mots, qu'il y est dit qu'Arsinus d'Olbion, poussé « par une dévotion céleste, donnait au « bienheureux Pierre, de l'Eglise de Condom, et à ses « habitants, la propriété de la *ville* avec la *Seigneurie* « entière, justice, privilèges et usufruit des revenus, « avec charge de payer au donateur, pour sa maison « particulière et les fruits des terres, la moitié des « bénéfices, ainsi qu'un cens de XII deniers. »

C'est ici qu'apparaît l'erreur commise par certains auteurs, en attribuant à la donation d'Arsinus d'Olbion la date de 1011.

Cette date est celle de la fondation de l'Abbaye de Condom, mais non celle de la donation, puisqu'il est dit dans l'acte qu'Arsinus fit don aux Bénédictins en présence de l'abbé Raymond, son frère. Le texte latin porte, en effet : *in præsentia abbatis Raymundi fratris.* Or, à cette date de 1011, Raymond d'Olbion n'existait pas puisqu'il ne fut consacré à St Pierre de Condom que vers 1062.

Nous ne nous attarderons pas sur une erreur de dates, mais nous avons tenu à la signaler, car il s'agit de l'origine du Château et de la première « existence » de Nérac en tant que ville organisée.

Au surplus, un autre titre authentique nous montre que les auteurs cités plus haut se sont trompés en appliquant à la donation d'Arsinus la date de 1011. Ce titre, c'est l'acte qui constate que ladite donation fut faite en présence du pape Urbain II. Et je cite la phrase latine : *Hoc autem confirmatum est auctoritate et præsentia domini papæ Urbani II.*

Or, si nous nous en rapportons à l'accession d'Urbain II à la papauté, qui eut lieu en 1088, on peut placer *l'organisation* de Nérac à la fin du XIe siècle.

On voit qu'à cette époque, c'était une bourgade importante que d'Olbion mettait aux mains des Bénédictins de Condom ; mais déjà ceux-ci y possédaient un prieuré, ainsi que quelques biens qui leur avaient été donnés au moment de la fondation de leur abbaye, entr'autres des terres et un « château ». Ces libéralités datent de 1020, confirmées en 1063 par bulle du pape, et constituent la donation Raymond Arnaud, antérieure par conséquent à la donation d'Olbion.

C'était la première fois que le mot « château » ap-

Cliché Gaure, Nérac

PORTE DU PREMIER PRIEURÉ DES BÉNÉDICTINS

Construit en l'an 800

(*Place Saint-Marc.*)

paraissait dans un acte authentique. Il est dit, en effet, dans le titre, que Raymond Arnaud, membre de la famille de Lomagne et de Galard, dotait l'Abbaye de Condom de son « *Château de Nérac* », et de redevances diverses.

Quelles étaient, à cette époque, l'assiette et la configuration de Nérac ?

La ville occupait la rive droite de la Baïse, enclose de murs, entre la rivière et les côteaux au levant. Elle possédait, outre le prieuré que nous signalons plus haut, deux paroisses, St-Marc et St-Germain, et vit s'élever plus tard une Commanderie des Chevaliers de St-Jean-de-Jérusalem.

La rue Sully, qui forme le prolongement du Pont-Vieux, partageant ainsi en deux parties la ville basse, indique quelle était l'étendue territoriale de chacune de ces deux paroisses : St-Marc et St-Germain.

La première desservait le pays côté nord, direction d'Argentens ; son église s'élevait sur la place St-Marc, au-devant d'un ensemble de maisons formant quadrilatère enfermé entre deux rues, la rue St-Marc et la rue Marchande ; l'une de ces rues partait de son point de jonction avec la rue Gaujac, l'autre de son point de jonction avec la rue St-Germain ; toutes les deux aboutissaient perpendiculairement au rempart qui délimitait une voie extérieure au levant, aujourd'hui le Boulevard du Petit-Nérac.

L'église St-Marc fût détruite sous Jeanne d'Albret. Quant à l'ensemble de maisons dont il vient d'être parlé, et qui existait encore au début de ce siècle, il a disparu, entraînant avec lui la disparition des rues St-Marc et Marchande. La place St-Marc s'est trouvée agrandie de l'entier terrain ainsi déblayé ; c'est sur cette place, — qui a conservé son nom, — que se trouve édifiée l'église actuelle « Notre-Dame », construite en 1868 par l'architecte Verdier, et que les fidèles durent à la pieuse initiative de M. de Vivie, curé de Nérac.

Cette église « Notre-Dame » aura dans son histoire une particularité : c'est d'avoir été ouverte au culte avant que sa construction ne fût définitive, à l'occasion d'un cérémonie de Confirmation.

La seconde des deux paroisses que possédait Nérac desservait le pays côté sud ; son église s'élevait sur la Place St-Germain ; en même temps que l'église St-Marc, celle de St-Germain fut également détruite sous Jeanne d'Albret, mais une partie de sa façade subsiste encore, formant le côté d'un angle rentrant de ladite Place qui se trouve au sommet de la déclivité qui descend vers la fontaine ; elle s'oriente au nord, face à Gaujac ; le côté qui longeait la Rue Saint-Germain n'existe plus ; le mur d'angle, soutenu à la base par un contre-fort en tronc de cône, est démoli en diagonale à partir du faîte, mais dans l'armature de pierres de taille qui a résisté aux morsures du temps, on voit encore la large porte à arceau qui était l'entrée principale, et à laquelle se trouve contiguë une autre porte, plus petite celle-là, à arceau également. Les clefs de voûte sont effritées.

De l'autre côté de la rue St-Germain et formant l'angle de la rue Péricard, il a existé jusqu'en ces derniers temps une maison du XIVe siècle, fort curieuse avec ses étages à encorbellement et à croisillons, mais dont la toîture et la porte d'entrée avaient subi, depuis le XVIe siècle, diverses modifications.

Cette maison vient d'être transformée à nouveau pour servir de magasin ou de garage. Sa démolition a eu lieu le 25 juillet 1925 ; seul subsiste servant d'assise pour le premier étage, le vieux mur qui longe la rue Péricard.

En ce qui concerne la Commanderie des Chevaliers de St-Jean de Jérusalem, elle s'éleva sur les fondations d'une villa Gallo-romaine qui comprenait l'ensemble des Jardins situés à l'extrémité du Jardin-Public, et forma un rectangle très allongé qui se bornait, du côté de la rivière, aux rochers surplombant la fontaine St-Jean, et, du côté levant, à l'emplacement sur lequel se trouve l'ancienne Brasserie Labarthe. La partie de cet immeuble qui forme l'angle de la rue Dijon paraît avoir été édifiée en dehors du terrain sur lequel avait été située la Commanderie, car la mosaïque découverte à 0,60 centimètres de profondeur ne dépasse pas la limite de la Cour de la Brasserie. Quant aux Jardins dont nous parlons plus haut, leur sous-sol a révélé des mosaïques sur toute leur étendue.

La rue actuelle qui longe le Jardin-Public n'existait pas ; une voie partant du village de Nazareth, dont le donjon semble avoir dépendu de la Commanderie, venait contourner la rue Dijon qu'elle suivait dans tout son parcours, et, après avoir tourné à gauche, elle aboutissait en droite ligne à la porte St-Germain, seule entrée de la ville au midi.

Les derniers vestiges de cette porte viennent d'être démolis, mais la base des anciens remparts se poursuit le long de la rue Sahuc, montant jusqu'au boulevard, où l'on distingue encore les substructions des vieux murs de Nérac ; sur ces débris de fortifications des maisons trouvèrent, par la suite, leur assise, et, contre leur face extérieure, — celle qui s'oriente au Midi, — deux constructions montrent encore des restes du seizième siècle.

Les jardins qui les précèdent sont entourés d'une clôture de pierres qui, à première vue et du côté de la place des Courses, semble reposer sur des ruines de remparts. Il n'en est rien. La ligne fortifiée de

Nérac allait directement de la rivière au boulevard et ne formait pas d'angle extérieur après la porte St-Germain. Il est de toute évidence que, par la forme caractéristique qu'elles présentent, les pierres de taille qui forment le soubassement des murs de clôture des jardins en question avaient servi à la construction de remparts. Il faut donc simplement supposer que les anciens possesseurs des terrains utilisèrent là, pour leur compte personnel, les matériaux provenant des fortifications après que la ville eût été démantelée, en 1621, sur l'ordre du roi Louis XIII.

Quant au prieuré que les Bénédictins de Condom possédaient à Nérac, dans la première époque, il était presque attenant à l'église St-Marc. Il en existe encore un vestige très intéressant : c'est la grande porte à arceau qui ouvrait directement sur une cour précédant les bâtiments du prieuré, lesquels formaient un rectangle allongé dirigé vers le boulevard.

Ces bâtiments occupaient de la sorte tout un côté de la rue Marchande, aujourd'hui disparue, comprenaient la rue Soulié et se limitaient à la rue Péricard. C'est dans la rue Soulié que se voit encore la porte à ogive (XIIe siècle) qui commandait une galerie intérieure du prieuré.

L'endroit du boulevard où s'édifiait la façade Est de cet important monastère était désigné sous le nom d'*Auvent du Frandat.*

D'où venait cette appellation? Aucun historien ne l'explique, pas plus qu'aucun document. Corrélation entre la personnification du Prieuré et la terre du Frandat, alleu mérovingien ? Peut-être. *Auvent, auventus,* vient du bas latin ; des textes du XVe siècle ont écrit *ost'vent ;* si même nous rapprochons le mot du provençal *anvan, ambans,* nous y trouvons la signification de *rempart, retranchement.* Etait-ce une allusion allégorique à l'appui que pouvait trouver la terre allodiale du Frandat auprès des Bénédictins? Peut-être. Nous mentionnons simplement le fait.

Quant à la porte du Prieuré, qui se trouvait dans la rue Marchande, et qui, aujourd'hui, par suite de la disparition des maisons qui formaient un des côtés de cette rue, se trouve sur la place St-Marc, elle est fort bien conservée. Construite avec une clef de voûte très angulaire, elle forme l'entrée de la deuxième maison, en partant de la rue St-Germain ; par cette porte, on pénètre dans une cour, — reste très réduit de la cour primitive, — au fond de laquelle subsiste encore un mur de l'époque ; c'est un mur séparatif dirigé vers le levant, portant deux petites ouvertures barrées de fer. Cette maison appartient à M. Maureillan.

Contre l'entrée du prieuré, sur la place St-Marc, on voit encore, à deux mètres environ du sol, une ouverture étroite et allongée, évasée vers l'extérieur. Cette ouverture est murée. Il semble, à première vue, qu'on se trouve en présence d'une ancienne meurtrière. Ce n'était pas là sa destination, les occupants du lieu n'ayant d'autres armes que la prière, et se préoccupant moins des conflits guerriers que des matérialités de leur vie contemplative. Il est plus probable que ce n'était là qu'une niche à image sainte bien à sa place naturelle près de l'entrée principale.

Enfin, un des témoins qui reste encore de Nérac, à cette première époque, est le Pont-Vieux.

A quelle date peut-on placer la construction de ce pont ?

M. Faugère-Dubourg le fait remonter à la « fondation de la seconde ville ».

Nous le croyons plus ancien. En effet, nous verrons plus loin que les Bénédictins de Condom, dès qu'ils furent mis en possession de Nérac après les donations dont nous avons parlé, durent chercher un appui pour se défendre contre les convoitises des ambitieux ou des jaloux ; ils trouvèrent ainsi protection auprès des sires d'Albret, dont Amanieu fut le premier du nom. Mais cette protection que voulurent bien leur accorder ces sires turbulents et batailleurs ne pouvait se faire sans un échange d'avantages réciproques. Les d'Albret n'allaient pas bénévolement placer à l'ombre de leurs bras des moines qui n'aspiraient qu'à jouir de leurs biens, dans la paix mystique de leurs cloîtres, sans qu'il en résultât pour eux de sérieux profits.

Les Bénédictins accordèrent donc, en échange de l'appui qu'on leur apportait, certains droits sur les denrées, le péage sur le pont de Barbaste, et *le tiers du moulin de Nérac sur la Baïse.*

Ce moulin, situé sur la rive gauche, qui, à travers les âges, a subi tant de transformations, et qui, aujourd'hui, sert d'usine électrique, était donc déjà la possession des Bénédictins avant que la main des sires d'Albret ne s'exerçât durement sur leurs protégés, dont ils finirent par ne plus respecter que leur autorité spirituelle.

Comment y accédait-on ? Sur ce point les précisions font défaut, mais il y a tout lieu de croire que la construction du Pont-Vieux précéda les premières assises de la ville qui allait naître sur la rive gauche, en raison des nécessités de communication d'une rive à l'autre.

Contemporain du pont de Barbaste, et bâti sur arches ogivales avec les « coudes en dehors », le Pont-Vieux de Nérac peut se placer avant le XIe siècle. C'est un monument du passé, dont la solidité semble braver les ans, bien qu'à plusieurs reprises il ait tremblé sur sa base. En effet, très longtemps après sa construction, une brèche s'y produisit qui préoccupa fort les Jurats de la ville ; les réparations tardèrent au point que le pont finit par menacer ruine, mais ce n'était là fort heureusement qu'une menace, puisque cent cinquante ans plus tard on continuait à signaler le danger qu'il présentait pour la circulation. Il y a quelques années, l'Administration révéla qu'un des piliers était moins que solide, et l'on s'en émut. Le Pont-Vieux reçut une visite à laquelle il ne s'attendait pas, celle des scaphandriers ; et cela excita la curiosité populaire. Que se passa-t-il dans les bâtardeaux autour desquels la Baïse sommeillait ? On ne sait. Un des directeurs des travaux qui tenta d'y aller voir n'en rapporta pas long, ayant vite remonté les quelques degrés de l'échelle qui le ramena à la surface de l'eau.

La réparation dut être sérieuse, cependant, car le Pont-Vieux n'en continue pas moins, sans se soucier des crues qui peuvent l'ébranler, à assurer sur son double versant la libre circulation des piétons et des voitures, — regardant passer les filles à l'œil clair, écoutant jaser, dans le silence des soirs d'été, les conteurs qui, les coudes au parapet, laissent errer leur pensée sur le flot endormi.

Mais arrivons à la fondation de la seconde ville, car nous allons toucher à la « deuxième époque », celle où des quartiers nouveaux allaient naître sur la rive gauche de la Baïse.

Nous avons dit plus haut que, vers 1020, Raymond Arnaud avait doté les Bénédictins de son « Château de Nérac ».

On ne trouve, en ce qui concerne la ville basse, aujourd'hui communément appelée le Petit Nérac, aucun document, aucun vestige qui révèle que là ait existé un « château » au temps de la première époque. Même la « maison particulière » d'Arsinus d'Olbion, que ce dernier donna, en même temps que sa seigneurie, aux religieux de l'Abbaye de Condom, n'a pu être située. Il est à supposer qu'il s'agissait là d'une demeure pouvant se distinguer des autres par sa forme, ses dimensions ou son confort intérieur, mais que rien ne pouvait lui donner l'apparence d'un « château », puisque le donateur ne la désignait que sous le nom de « maison ».

Tout porte donc à croire que le soi-disant « château de Nérac », objet de la libéralité de Raymond Arnaud, était la primitive construction, sorte de fortin sans doute, qui, par des transformations successives, devait devenir le château qui nous occupe, et dont il ne reste plus que l'aile septentrionale.

Sa position, du reste, sur un point élevé de la rive gauche justifiait sa dénomination.

On sait que, plus tard, un Amanieu d'Albret se reconnut vassal des Bénédictins pour le Château de Nérac lorsque, en 1286, il rendit hommage au Roi d'Angleterre.

Mais c'est d'Amanieu VI qu'il s'agit là.

Il ne peut donc y avoir aucun doute. C'est bien l'embryon du futur Château des Rois de Navarre que les Bénédictins reçurent de Raymond Arnaud, au XIe siècle, — château qu'ils mirent aux mains des sires d'Albret moyennant un cens annuel, et dans lequel s'installa le premier en date des Amanieu.

Nous ne voudrions point nous attarder sur les faits purement historiques, mais puisque nous sommes sur l'origine du Château, puisque nous allons suivre sa vie et ses transformations successives, puisque nous sommes, enfin, sur la marche ascendante de la famille d'Albret dont l'arbre généalogique allait éten-

Cliché Gaure, Nérac

VESTIGES DE L'EGLISE SAINT-GERMAIN
Fin du XIe siècle.
*(Place Saint-Germain.)*

dre de si vigoureux rameaux, nous ne pouvons point ne pas rappeler comment les sires d'Albret arrivèrent à posséder, ou tout au moins à *protéger,* — c'est une figure, — la plupart des domaines qui composaient la seigneurie de Nérac.

Nous citerons donc encore, avant d'en arriver au grand événement de 1306, un acte rapporté par le Cartulaire : c'est la donation Matharis, en faveur des Bénédictins.

Les religieux de l'Abbaye avaient, comme on va le voir, la faculté de recevoir ; ils avaient aussi, comme on va le voir également, la prudence de mettre les biens qu'ils recevaient sous bonne sauvegarde.

En effet, vers 1130, une dame de Riac, épouse Matharis, donna aux Bénédictins son important Domaine de Nérac.

Nous ne reproduirons pas en entier l'acte de donation, qui est écrit en latin, comme les actes des donations précédentes. Mentionnons simplement qu'Amanieu d'Albret en était constitué le protecteur, ce droit devant ensuite être transmis à sa descendance : *statuit defensorum Amanieu Delebred, etc.* Et la dame de Riac ajoutait que le Domaine était ainsi mis sous la protection d'Amanieu afin que « les moines « possèdent cette terre en paix » : — *Ut monachi in pace terram illam possiderent.*

Pour terminer, disons que six témoins, — dont un Sieur Raymond Guillaume, de *Nézereth,* — assistèrent à la donation, qui fut faite sous le pape Innocent II.

Le sire d'Albret dont il est question dans cette donation de 1130 était Amanieu III.

Pendant ce temps, à mesure que le prestige des Amanieu dominait, le château s'agrandissait et prenait de l'importance. Nous verrons comment chacun des Maîtres de Nérac mettait à son tour sa griffe sur la demeure seigneuriale.

Mais il était, dans les donations, des conditions que les protecteurs devaient respecter.

La dame de Riac, en effet, en se dépouillant de ses biens en faveur des Bénédictins, voulait que ceux-ci pussent jouir en paix du domaine qu'elle leur laissait Pour se conformer à ces volontés, les sires d'Albret permirent aux religieux de percevoir les redevances attachées aux terres dont ils devenaient les possesseurs.

Ces redevances furent payées pendant un certain temps, mais les moines ne pouvant par eux-mêmes user de la force, ce qui devait arriver arriva. Les habitants, ne se sentant plus contraints, finirent par s'en acquitter fort mal, — à tel point que les Bénédictins prirent le parti le plus sage : celui de faire la part du feu. Pour conserver quelques prérogatives, ils cédèrent aux d'Albret de multiples droits, abandonnant même les 12 deniers qui leur étaient servis pour le cens du château.

Dès lors, Amanieu devenait le maître de la cité, et sa main, tout aussitôt, s'exerça ferme sur la population. Le traîté passé entre lui et les Bénédictins porte la date de 1306.

C'est un acte, on le comprend, d'une grande importance, car les sires d'Albret, partis d'une humble origine, voyaient tout-à-coup s'accroître leur fortune et leur autorité.

Quant aux moines qui, tout en cherchant des protecteurs, se donnaient sans le savoir des maîtres, ils avaient pensé agir prudemment en mettant les calmes lieux de la prière sous l'égide d'une force guerrière naissante.

Cette force s'affirma avec une extraordinaire rapidité.

Nous ne suivrons pas le sillon historique qui devait conduire les événements jusqu'à l'érection de l'Albret en duché. Cela nous entraînerait dans trop de détails biographiques et nous éloignerait du but de cet ouvrage.

Mais nous ne pouvions passer sous silence les faits qui précèdent parce qu'ils sont liés à l'origine du château, à celle de Nérac, à celle de la famille d'Albret qui, partie de modeste condition, ne devait s'arrêter qu'au trône de France.

---

## II

# DEUXIÈME ÉPOQUE

Voici donc un sire d'Albret, petit seigneur originaire de Lapret ou Labret, aujourd'hui Labrit, commune du département des Landes, installé dans le château dont les Bénédictins avaient été dotés.

Son premier soin fut d'y marquer son empreinte et d'en faire le berceau de sa puissance.

Le geste des religieux, abandonnant le cens qui devait leur être servi, eut comme conséquence l'autorisation pour eux de fonder un second prieuré sur la rive gauche, et c'est sur les vestiges de ce monastère que, plus tard, furent édifiées les tanneries encore existantes.

A ce sujet, un auteur a cru devoir situer ledit prieuré sur « le terre-plein où s'élevait, dit-il, au « quinzième et au seizième siècle, une chapelle dédiée « à St-Nicolas ; ce terre-plein, ajoute-t-il, est occupé « aujourd'hui par l'église « St-Nicolas » et par la « place qui porte encore le nom de « Place du « prieuré ».

Nous ne savons à quelle source cet auteur a puisé ce renseignement, mais nous pensons qu'il s'est trompé : la chapelle qui se trouvait là au quinzième et au seizième siècle était la chapelle desservant le château, auquel la reliait un pont-levis jeté sur le fossé. Les vestiges de ce pont-levis sont encore très visibles.

N'oublions pas qu'au sujet de ce prieuré, il s'agit là d'un fait datant de la fin du XIe siècle. Un document rapporte qu'à cette époque, — par conséquent bien avant l'édification de la chapelle citée plus haut, — une église avait été bâtie sur l'emplacement même où se trouve St-Nicolas aujourd'hui, et que cette église avait été consacrée par Urbain II en personne. Remarquez bien que le document auquel nous nous référons parle d'une église et non d'un monastère.

Or, Urbain II, nous l'avons déjà dit, ne fut élu pape qu'en 1088.

Il ne peut donc avoir existé un prieuré sur l'emplacement de St-Nicolas, pas plus sur la fin du XIe siècle, — puisque, à cette date, il s'agit d'une église qui fut consacrée par le pape lui-même, — qu'au quinzième et au seizième siècle, — puisque, à cette date encore, il s'agit de la chapelle du Château de Nérac.

Nous sommes plus près de la vérité historique en disant que ce prieuré des Bénédictins ne put être que l'antique construction dont les ruines ont servi d'assises aux tanneries.

Au reste, à la documentation si souvent controversée des auteurs le langage des pierres répond lui-même.

En effet, ce prieuré formait une sorte de trapèze dont la base longeait la petite rue des Tanneries qui va de la place du même nom à la rivière ; un des côtés bordait la Baïse ; l'autre côté se trouvait en façade sur la rue étroite et montante qui porte encore le nom de « rue du Prieuré » ; enfin, le sommet aboutissait au mur de soutènement qui se prolonge jusqu'à la teinturerie de M. Jacquet. Contre ce mur, et du côté de la rivière, sont appuyés deux puissants contre-forts.

C'est, en somme, tout l'emplacement des tanneries, — qui eurent leur heure d'activité et qui, aujourd'hui, sont silencieuses et fermées. Sur les galeries où, jadis, les peaux tannées étalaient leur couleur brune au soleil levant, quelques ménagères font maintenant sécher leur linge, mais dans les salles obscures où baillent encore les fosses, autour des manèges où se broyait le tan, tout sommeille, — ayant cédé la place aux progrès de la mécanique moderne.

Et ici, le même auteur qui situait le prieuré des Bénédictins sur l'emplacement de St-Nicolas se trompe encore en disant que « la façade des tanneries « n'est autre que l'ancien mur qui fermait la ville « du côté de la rivière. »

Il n'y a qu'à regarder ce mur pour se rendre compte qu'il ne peut y avoir là aucune trace de rempart. Nous y retrouvons tous les indices des vieux monastères ; tout y est encore : les portes étroites et à plein cintre, — le perron massif sur lequel s'amorçait le double escalier qui descendait au quai, — les petites fenêtres clignotantes derrière lesquelles on devinait la mystique solitude du lieu. Le perron en question, exhaussé de deux mètres environ au-dessus du sol, est bien au niveau de l'une des deux entrées principales, celle qui est dans la « rue du Prieuré » ; l'autre entrée se trouve à l'angle de l'immeuble, face à la place des Tanneries.

Le mur qui longe la petite rue des Tanneries se démolit aujourd'hui dans la partie qui confine au quai. Les grosses pierres de taille qui formaient l'armature de l'angle ont entraîné dans leur chute un coin de la façade qui regardait la rivière.

Quant aux deux entrées qui sont, l'une sur la place des Tanneries, l'autre dans la rue du Prieuré, elles sont intactes.

Cette dernière présente une particularité digne de remarque :

Sur la pierre qui forme clef au-dessus de la porte, on lit une inscription taillée au ciseau, qui fut longtemps assez difficile à déchiffrer parce que sa terminaison usée par le temps se perd dans le joint séparatif de deux pierres.

Cette inscription porte, ainsi qu'on le verra sur le cliché ci-contre :

DIEV SOICT CE*I*

Nous pensons qu'on a voulu mettre :

DIEV SOICT CEAN

Que nous traduisons naturellement par

DIEU SOIT ICI

en tenant compte que l'S finale du mot céans a pu être supprimée, soit volontairement, — ce qui s'expliquerait en matière de vieux français, — soit involontairement, faute de place.

En effet, ainsi qu'on peut le voir par l'image que nous reproduisons, la pierre s'étant effritée, seul subsiste dans le dernier mot le premier jambage de l'A, ce qui semblerait faire croire à un Z, et ce qui déroutait les chercheurs. Mais la traduction que nous en donnons nous paraît la seule possible

On pourrait, toutefois, se demander par quelle aberration le ciseau qui traça cette inscription prît si mal ses distances au point de tracer si largement le premier mot, de prendre tant de place pour le second, et d'escamoter la lettre finale.

Tout d'abord nous devons préciser qu'en certaines parties de ce prieuré seul subsiste le soubassement de la construction primitive, et que sur ce soubasse-

Cliché Gaure, Nérac

Entrée du second monastère édifié sur la rive gauche de la Baise (XI$^{e}$ siècle)

*(Rue du Prieuré)*

ment, des constructions ultérieures furent édifiées en des entreprises successives. Tel est le cas de la porte qui nous occupe, et dont le cintre diffère d'époque avec les deux pilastres à corniche qui le soutiennent

Un revêtement de plâtre couvre la façade, portant une enseigne tracée en noir et à demi effacée : « Chalon, tanneur ». Cette enseigne fut peinte en 1860. En examinant l'inscription DIEV SOICT CE*I*, nous avons été surpris de voir qu'elle avait été gravée tout-à-fait dans le bas de la pierre, — mise à nu par un éclatement déjà ancien du plâtre, — et, en raison de la hauteur des voussoirs qui mesurent environ 0,40 centimètres, nous nous sommes demandé si le restant de l'enseigne qui adhère encore au-dessus de la porte ne cachait pas quelque autre inscription ou quelque date.

Grâce à l'obligeance du propriétaire actuel des tanneries, M. Ader, nous avons fait piquer le plâtre pour dégager la pierre qui sert de clef de voûte. Et alors, nous est apparue, portant l'inscription, la pierre que l'on voit sur le cliché ; elle est d'une hauteur moitié moindre que les autres pierres formant le cintre. L'espace libre au-dessus, jusqu'au niveau de la courbure, a été comblé par un bâti de moëllons.

Par quel concours de circonstances, — et à l'encontre de tous les principes de la construction, — cette pierre se trouve-t-elle ainsi placée, et de hauteur aussi réduite?...

Nous pensons, quant à nous, qu'elle a dû, à un moment donné, être surmontée d'une autre clef de voûte enchassée dans les voussoirs de droite et de gauche, et empruntant la courbe supérieure du cintre, sinon la dépassant.

A une époque qu'on ne peut définir, et pour des raisons encore ignorées, cette seconde pierre a dû être enlevée, et le vide a été remplacé par des moëllons.

Quant à la réduction en longueur de l'inscription DIEV SOICT CEI, nous inclinons à penser que le texte devait être gravé en entier avant la mise en place de la pierre, — mais que cette clef de voûte, venant à un moment de transformation ou de réparation de la porte, s'est peut-être trouvée trop large pour s'ajuster dans l'espace qui lui était réservé, et qu'alors elle a dû être réduite. Peut-être aussi, s'est-elle effritée naturellement sur l'arête.

Ainsi s'expliquerait la disparition de la lettre finale.

Les autres ouvertures ne présentent aucun caractère particulier. Seuls sont à remarquer trois contreforts ; près de l'un d'eux, il existe encore, à trois mètres du sol, la niche qui devait porter la statuette habituelle dont s'ornaient les entrées de couvent.

Tels sont les restes du prieuré que les Bénédictins établirent sur la rive gauche de la Baïse ; à diverses époques, des modifications successives ont changé sa superstructure, et l'inscription que nous venons de citer, faite en vieux français venu après le latin du XIe siècle, en est une indication.

Tel est l'état de cette porte d'entrée fort curieuse, dont le cintre garde un secret que seules peut-être ont connu les ombres des Bénédictins rentrant méditatifs dans leur pieux monastère.

Quant aux tanneries, elles y sont venues bien plus tard. Du côté de la rivière, leurs galeries de bois servant de séchoirs sont posées en saillie sur un vieux mur de façade qui semble avoir été méthodiquement rasé à quatre mètres de hauteur. Il est de toute évidence que ces galeries furent posées sur des ruines, et que ces ruines provenaient de la destruction du prieuré, — lequel dut subir, en 1560, le sort des églises lorsque Jeanne d'Albret donna l'ordre de faire disparaître tout édifice servant au culte catholique.

Telle fut, par la fondation de ce prieuré, la première manifestation d'existence d'un second Nérac sur la rive gauche. Et ce Nérac n'allait pas tarder à prendre une rapide importance à mesure que la petite cité enclose de murs sur la rive droite s'étiolerait dans son souvenir gallo-romain.

Dans un Mémoire manuscrit adressé aux Consuls et Jurats de la ville de Nérac, l'Abbesse et les religieuses de « Ste-Claire » (monastère fondé par Bernard Esi, sire d'Albret, — aujourd'hui l'Hospice), relataient les diverses transformations subies par le château depuis son origine.

Cette relation s'est trouvée controversée par M. Villeneuve-Bargemont dans sa notice de 1807, et par M. Samazeuilh dans son « Dictionnaire » de 1865, ou tout au moins dans les notes dont M. Faugère-Dubourg l'a complété en 1876.

L'un et l'autre, pour bien déterminer la série des travaux, qui se rapportent à quatre époques différentes, se sont basés sur la succession des sires d'Albret et sur la diversité des armoiries appliquées aux différentes parties du château.

C'est très bien, mais ni l'un ni l'autre ne remontent à la véritable origine. Ils veulent, cependant, bien reconnaître que l'aile occidentale fut bâtie la première et avant 1387, ajoutant qu'elle fut bâtie par Amanieu ou *ses successeurs*, disent-ils, jusqu'à Charles d'Albret, qui fut connétable en 1402. Ils donnent cette date de 1387 comme limite, parce que c'est à cette époque que les armes de France vinrent s'ajouter à l'écusson d'Albret, et que sur les clefs de voûte ne se trouvait que le double AA d'Amanieu.

M. Faugère-Dubourg, lui, se rapproche plus de notre assertion quand il écrit dans sa *Guirlande des Marguerites :*

« Les fondements de ce château, construit à divers « intervalles qui n'ont pas occupé moins de quatre « cents ans, paraissent avoir été posés vers la fin du « onzième siècle, alors que la ville de Nérac fut mise « par les religieux de l'Abbaye de Condom, qui la « possédaient, sous la protection des sires d'Albret. »

Vous lisez bien : la fin du onzième siècle ; mais aucun des auteurs précédents ne parle de la donation Raymond Arnaud, et cependant c'est à cette donation qu'il faut remonter puisque, par elle, les Bénédictins furent « dotés d'un *château* ».

Les sires d'Albret n'ont donc pas, au sens du mot, posé les fondations du Château de Nérac puisqu'Amanieu, le premier du nom, avait reçu avant que sa puissance ne s'établit sur le pays, un « château » des mains des religieux de l'Abbaye de Condom.

Mais qu'était, à ce moment-là, cette demeure ?

Une très importante construction sans doute, bâtie sur la partie élevée de la rive gauche dominant la Baïse, — partie entièrement rocheuse puisque les premiers fossés furent creusés à même dans le roc.

Quoi qu'il en soit, si Amanieu d'Albret n'en a pas jeté les fondations, il eut le mérite de greffer sur ses bases la première aile du véritable Château de Nérac, dont les quatre corps de bâtiment survécurent à bien des orages, mais dont le marteau de la Révolution abattit trois côtés pour ne laisser debout que l'aile nord, objet d'une actuelle restauration.

La première aile dont nous parlons fut « l'aile occidentale, » celle qui formait l'entrée principale, avec pont-levis, précédée d'une petite place.

Peu à peu, des constructions s'édifièrent autour du prieuré, gagnant la partie haute de la ville, comme si elles voulaient se rapprocher du château qui les protégeait. De ces constructions il ne reste que de rares vestiges, simples soubassements sur lesquels, au fur et à mesure que le château s'agrandissait, d'autres maisons se sont posées ; mais celles-ci, venues bien plus tard, attestent, par les restes encore debout, le quinzième, le seizième et le dix-septième siècle.

Le bâtiment septentrional du château, celui qui existe et sur lequel nous allons avoir à revenir, fut construit assez longtemps après l'aile occidentale puisque les clefs de voûte portaient l'écusson d'Albret écartelé de France.

La partie orientale, qui faisait face à la Baïse, vint ensuite, affichant des progrès dans la sculpture et dans l'architecture.

Et enfin, le bâtiment sud, dans lequel Henri IV enfant eut son lit, fut l'œuvre d'Antoine de Bourbon et de Jeanne d'Albret.

Telles furent les quatre étapes successives que parcourut le château de Nérac au cours de sa construction.

Avant de rappeler les quelques particularités qui se rattachent à chacune d'elles, disons qu'à partir du moment où Amanieu d'Albret bâtit le corps de logis occidental, la vie et le développement de Nérac se divisent en deux périodes : la première limitait la ville entre les Petites-Allées et la rivière ; la seconde reculait les remparts jusqu'aux portes de *Fontindelle* de *Marcadieu* et de *Condom*.

**Première période.** — Or donc, le bâtiment sud n'existant pas encore au temps du premier des sires d'Albret qui nous occupe, — et le château se trouvant défendu à l'est par la Baïse, au midi par un fossé et à l'ouest par un autre fossé sur lequel était jeté le pont-levis de l'entrée principale, — la ville fut circonscrite dans des murs qui s'amorçaient à la tour nord de l'aile occidentale, suivaient la ligne des maisons qui forment aujourd'hui un des côtés du cours Romas, descendaient les Petites-Allées, la rue Cujon, (aujourd'hui prolongement du Cours Victor Hugo), et se terminaient à la Baïse.

On appelait cela le quartier des *Embarrats* mot gascon qui signifie quartier des *Enfermés.* Ce nom lui est resté jusqu'au début de ce siècle.

C'est dans cette enceinte de pierre, formant un arc dont la rivière aurait été la corde, que Nérac va vivre jusqu'au seuil du seizième siècle. Trois artères principales furent tracées partant de la corde et aboutissant au cercle de l'arc : la rue Puzoque, la rue de l'Ecole et la rue de *l'Escourchiadé,* aujourd'hui rue de l'Escadron-volant ; cette dernière venait aboutir à l'arc en empruntant, à l'extrêmité de son parcours, une partie d'une rue transversale, la rue Bourges, avec laquelle elle formait et forme encore un angle droit. Le nom de cette rue venait d'un mot gascon qui signifie « *endroit où l'on écorche* », et elle se trouvait ainsi dénommée parce que, dans le bas de cette rue, près de la rivière, il existait un lieu d'équarrissage.

Deux autres petites rues transversales reliaient et relient encore les deux premières artères ; la rue du Prince partant de la rue de l'Ecole, aboutissait à l'arc que nous venons de décrire, aujourd'hui les Petites-Allées ou Cours Victor-Hugo.

L'assiette de ces voies est restée la même, et les noms que nous indiquons leur ont été conservés. Seule, la partie de la rue Puzoque comprise entre la place Saint-Nicolas et le cours Romas, longtemps dénommée Grande-Rue, porte actuellement le nom de rue Armand Fallières, hommage rendu à l'honorable et ancien maire de Nérac qui occupa les hautes fonctions de Président de la République.

Telle était la configuration de Nérac dans la première période de la Deuxième Epoque.

Une « Commanderie du Temple » y était édifiée. Il ne faut pas confondre cette dénomination « du Temple » avec celle donnée à la place sur laquelle se trouve l'actuel Palais de Justice. Cette place ne date que de la deuxième période, et son nom avait une autre origine que celui de la Commanderie dont nous parlons. Tout d'abord « place du Temple », elle est devenue, en ces dernières années, « place de la Fédération. » Elle a son histoire. Des faits saillants s'y rattachent. Nous les relaterons plus loin.

Revenons à la Commanderie. Elle occupait un emplacement rectangulaire compris entre le fossé nord du château et le haut de la rue Puzoque, aujourd'hui, nous l'avons dit, rue Armand Fallières.

Sa façade était sur cette rue. Un des petits côtés du rectangle confinait à l'alignement des maisons qui bordent le cours Romas ; le côté opposé était commandé par une tour qui existe encore ; c'est le seul vestige de l'époque ; cette tour se trouve faire partie de la maison de M. Mombet, ancienne Maison Mazéret.

Un incendie ayant détruit, en ces derniers temps, un Immeuble Commercial contigu à ladite Maison Mombet, on a pu voir longtemps les restes de l'ancien mur de la Commanderie, avec ses fenêtres murées mises ainsi au jour par le sinistre. Actuellement, sur l'emplacement où gisaient les matériaux que le feu y avait amoncelés, une maison de rapport se construit, et, au-dessus des toits, n'apparaîtra bientôt plus, comme précédemment, que le sommet de la tour de la Commanderie qui semble toujours braver le temps et les orages.

Outre ces restes de l'ancienne Commanderie, il ne subsiste plus que de rares vestiges de la première période ; une maison d'habitation, cependant, qu'on désignait sous le nom de « Maison des Portugais, » située à l'angle de la rue de Bordeaux et de la petite rue des Capucins, est encore intacte dans son style.

Sur les fondations d'anciens remparts ou de constructions des XIIe et XIIIe siècles, d'autres maisons s'édifièrent, et les plus anciennes que l'on remarque remontent tout au plus à la fin du quinzième siècle ; mais, d'une façon générale, presque toutes attestent de l'architecture du seizième siècle. Les principales, telle la maison de M. Mombet dont nous venons de parler, tel l'Hôtel Brazalem à la Puzoque, tels divers immeubles de la rue de l'Ecole, montrent, par leurs fenêtres à meneaux, ce qu'était une maison noble de l'époque.

Et nous allons arriver ainsi à la deuxième période, celle où Nérac vit s'élargir sa ceinture, et vit ses murailles reculer jusqu'aux portes de Condom, de Marcadieu et de Fontindelle.

Pendant ce temps, le Château s'agrandissait et subissait d'importantes transformations.

Pour en suivre la marche, nous n'avons maintenant qu'à descendre la généalogie des d'Albret. Cela va nous permettre de suivre également les transformations de la ville, tant sur l'une que sur l'autre rive de la Baïse sous chacun des sires, ducs ou rois qui ont exercé sur Nérac l'autorité et la puissance.

Nous avons vu que l'aile occidentale du Château fut construite la première par Amanieu d'Albret, dont le chiffre (double AA) ornait les clefs de voûte des appartements.

Le bâtiment qui vint ensuite fut le bâtiment nord ; c'est celui qui existe. Sa construction vint longtemps après celle du bâtiment occidental ; elle paraît devoir être attribuée à Charles II d'Albret, fils de Charles Ier qui fut tué à Azincourt en 1415, mais qui déjà, depuis 1389, avait obtenu le droit, — par un privilège que lui avait accordé le roi de France Charles VI, — d'écarteler des armes de France son écusson. En outre, certaines parties de l'édifice auraient, au dire de quelques auteurs, porté le chiffre de Charles II (deux CC entrelacés). Il serait difficile d'en retrouver la trace.

Les armoiries sculptées sur les clefs de voûte ou sur les portes d'appartements, et qui servent de guide dans l'étude des transformations successives du Château, pourraient prêter à confusion si l'on ne savait que les sires d'Albret, dans leur rapide ascension furent comtes, connétables, chevaliers de St-Michel, rois de Navarre ; — si l'on ne savait qu'à chaque dignité nouvelle ils en ajoutaient la marque à leurs écussons ; — si l'on ne savait, enfin, qu'au fur et à mesure de l'attribution qui leur était faite d'une province par mariage, ils ajoutaient à leurs armes celles de leurs femmes.

C'est ainsi qu'il n'était pas rare de trouver dans le même corps de logis les armoiries ou chiffres particuliers à plusieurs générations.

Dans l'aile septentrionale qui subsiste, un exemple en est frappant.

En effet, dans une vaste pièce du rez-de-chaussée très-bien conservée, on remarque au centre du plafond construit sur arcs de pierre en ogive quatre grands écussons disposés en carré, et sculptés en fort relief. Deux de ces écussons portent le double AA d'Amanieu, en témoignage assurément de la fondation de la première aile du Château ; les deux autres portent un A barré au sommet : c'est le chiffre d'Alain d'Albret, qui fut étranger à la construction de ce corps de logis, — pour la bonne raison que deux générations le séparaient de Charles II, — mais à qui est attribuée la galerie en saillie construite postérieurement.

Chiffre d'Amanieu Chiffre d'Alain

Autre particularité digne de remarque. A deux des angles de ladite pièce, à la base des deux arcs de pierre qui soutiennent le plafond en voûte, on voit sculptée en cariatide une vache accroupie : c'est là, assurément, le symbole des vaches qui ornaient l'écu de Béarn. Or, les armes de Béarn ne figuraient pas encore dans les armoiries d'Albret lorsque le corps de bâtiment qui nous occupe fut construit, puisque la Souveraineté de Béarn et le royaume de Navarre ne furent apportés en dot qu'à *Jean Second* fils d'Alain, quand il épousa en 1484 Catherine de Foix.

A défaut donc de documents plus précis, — puisque les archives de Nérac disparurent dans l'incendie qui consuma l'Hôtel-de-Ville le 7 janvier 1611, — toute vraisemblance peut être accordée à l'assertion que nous donnons plus haut, par laquelle il apparaît que des armes ou chiffres successifs ont pu s'accoler ou se juxtaposer sur les écussons à mesure que la généalogie des d'Albret se poursuivait par succession ou par mariage.

Car, ici, une controverse se pose.

Un auteur très érudit, à la science archéologique de qui nous rendons hommage, a cru devoir attribuer à Antoine de Bourbon le chiffre des double AA entrelacés. Il a fait erreur. Antoine de Bourbon, duc de Vendôme, étranger à la lignée, n'a surgi dans la maison de Navarre que lorsqu'il épousa à Moulins, le 20 octobre 1548, Jeanne d'Albret qui fut la mère de Henri IV, — par conséquent près de 80 ans après Alain, qui avait épousé en 1470 Françoise de Bretagne.

C'est bien à Antoine de Bourbon et à Jeanne d'Albret qu'on doit attribuer la construction de l'aile méridionale disparue pendant la tourmente révolutionnaire, laquelle fut bâtie avec les pierres des églises et monastères démolis en 1560, mais aucun document n'indique par quel chiffre le « mari de la reine » avait marqué son empreinte sur ce corps de logis qui était son œuvre.

Pour lui attribuer le double AA qui rayonne dans des ors bien conservés à la clef de voûte de la salle dont nous parlons, il faudrait admettre une réfection de cette salle bien postérieure à sa construction ; mais alors, comment y trouverait-on l'A simple, barré au sommet, d'Alain d'Albret ? Culte du souvenir rendu par Antoine de Bourbon à ses prédécesseurs ? Nous ne le pensons pas. Nous persistons donc à croire qu'il est plus logique d'admettre la succession des armoiries dans l'ordre généalogique des d'Albret, — les armes nouvelles s'ajoutant aux armes précédentes pour conserver au Château, œuvre d'une même famille, la marque d'origine.

Et cette succession, nous la relatons à nouveau très brièvement comme suit :

1° Partie occidentale. — Bâtie par Amanieu d'Albret, dont l'écusson ne portait pas de pièces d'armoiries.

2° Partie septentrionale. — Bâtie par Charles II, dont l'écusson était écartelé de France. Charles II mourut en 1471.

3° Partie orientale. — Bâtie par Alain d'Albret, dont l'écusson, écartelé de France, s'entourait du collier de l'ordre de St-Michel. Alain fut, en effet, chevalier de St-Michel.

4° Partie méridionale. — Bâtie, comme nous venons de le dire, par Antoine de Bourbon et Jeanne d'Albret.

Dans la salle que nous avons décrite plus haut, sise au rez-de-chaussée de l'aile nord existante, et que la tradition populaire a toujours dénommée « Salle des Gardes », des Sociétés locales y tenaient récemment encore leurs répétitions de chant et de musique. C'est à croire que le corps de logis avait conservé, à travers les âges, sa prédestination. C'est dans ce bâtiment nord, en effet, que la Cour de Navarre avait rayonné de tout son éclat, au temps de sa splendeur. Pendant que l'aile orientale, campée au-dessus de la Baïse comme une sentinelle vigilante, semblait chargée de dominer la vallée et d'interroger l'horizon, l'aile septentrionale ouvrait ses portes aux tournois littéraires, recevait les beaux esprits qui venaient s'enflammer dans l'air que respirait la première des Marguerites, et servait d'asile aux apôtres de la Réforme.

Dernier vestige d'un monument qui reste, aux yeux des visiteurs, comme une fleur d'héroïsme et de poésie, l'aile nord que l'on va restaurer a dû tressaillir d'aise en voyant ses échos réveillés, après trois siècles, par les accords d'une Chorale ou les symphonies d'un Orchestre.

La galerie saillante en demi-voûte, aux colonnes torses du pur style renaissance, cette galerie historique qui vit défiler dans la pénombre de ses arceaux les intrigues des grands et les complots d'amour, cette galerie enfin qui vit des couples royaux jeter inconsidérément leurs démêlés conjugaux en pâture aux épigrammes, va voir rajeunir son architecture ; — mais saurons-nous ce que disent les pierres ? Hélas ! le temps a trop impitoyablement mutilé les divers motifs symboliques qui servirent de sujet aux cariatides des chapiteaux. Les fûts des colonnes pourront reprendre leur aspect d'antan, mais les figurines, mais les armoiries, mais les chiffres, tout ce qui, sous le ciseau de jadis, avait une expression et une signification, tout cela pourra-t-il revivre ?... Il faut l'espérer, c'est le vœu bien légitime de tous ceux qui s'intéressent aux gloires du passé, malgré que sous l'effritement lent des matériaux, des motifs entiers soient aujourd'hui presque totalement effacés.

Et ici, le cas justifie une fois de plus l'assertion que j'ai donnée plus haut tendant à admettre que les d'Albret, — à mesure que dans l'ordre successoral ils prenaient possession du château, — ne négligeaient pas de conserver à côté de la griffe nouvelle qu'ils posaient sur le monument, la griffe des précédents maîtres du lieu.

C'est une opinion que nous avons émise à l'encontre d'une opinion contraire émise bien avant nous. Nous l'avons exposée à propos du double AA sculpté à la voûte de la salle des gardes ; nous en trouvons un autre exemple dans les colonnes de la galerie existante.

En effet, il a été dit que cette galerie, construite postérieurement au corps de bâtiment contre lequel elle se trouve appliquée, était l'œuvre d'Alain d'Albret, qu'on surnomma Alain le Grand, le même qui fit bâtir l'aile orientale qui faisait face à la Baïse. Cet Alain, qui fut sire d'Albret de 1471 à 1522, avait épousé en 1470 Françoise de Bretagne. Sur certaines colonnes, les chapiteaux s'ornaient des hermines de Bretagne, mais sur les sculptures de l'une d'elles il est une particularité digne d'être remarquée : on y voit un moine, environné de lapins, qui présente un papier déroulé à un dogue qui le menace, et qu'il cherche à apaiser. La tête du moine a disparu, mais le corps penché sur l'animal est nettement dessiné. Si nous décomposons l'analyse du motif, nous y voyons une allusion à l'humble soumission des Bénédictins devant un sire d'Albret dont l'autorité pesait sur eux, — le mot d'Albret venant, comme il a été dit, de Labrit, que certains historiens ont fait dériver de *Leporetum, Lepretum, Albretum.*

Ce motif se trouve sur la troisième colonne en partant de la tour saillante contiguë à la nouvelle salle des Fêtes.

L'allusion peut paraître un peu dure. Alain d'Albret l'aurait-il perpétuée dans la pierre pour personnifier le pouvoir dont il était investi ? Nous ne le pensons pas, car cela eût été peu en harmonie avec ses qualités, et surtout avec son caractère qui fut débonnaire et conciliant.

Un seul de ses traits va le démontrer.

Lorsque la Commanderie du Temple qui confinait au Château eut disparu, après que les biens des Templiers eurent été donnés, lors de la disparition de cet ordre, aux Hospitaliers de St-Jean de Jérusalem, Alain d'Albret acquit de ces derniers le local qu'ils occupaient et leur céda en échange une maison dans la ville basse, avec privilège d'y vendre du vin sans payer le « droit du soquet ».

Qu'était-ce donc que ce droit du soquet ?

C'était un droit tarifé, assez analogue aux droits actuels d'octroi ; il était établi sur toutes marchandises, denrées, produits du sol, animaux, dans l'achat sur place, la vente, l'entrée ou la sortie, ou même la circulation dans la ville. Imposé aux habitants par Charles d'Albret en 1441, il comprenait dix-huit articles portant sur toutes denrées de consommation, vin, bétail, blé, sel, etc., de même que sur tout ce qui faisait l'objet d'un trafic. Il pesait sur l'ensemble de la population, et nul n'en était exempt, ni le marchand qui « avait boutique », ni le forain qui s'installait en passant, ni l'acheteur lui-même, soit que cet acheteur voulut faire du commerce en revendant, soit qu'il ne fit servir l'objet acquis qu'à sa propre consommation.

Le droit sur le vin apparaissait en premier article :

« Premièrement que les Consuls puissent lever et
« faire lever ainsi qu'il est accoustumé de tout vin
« qui se vendra en taverne publique ou à picheoir
« sans signal de taverne, douze deniers pour livre. »

Et plus loin, à l'article 18, nous trouvons :

« Item que toute personne qui achatera ou crom-

« pera sel à Nérac, pour porter hors de ladite ville, « paye pour chacun sac trois deniers. »

Pour établir ainsi un droit par un règlement qui ne laissait aucune fissure, il fallait que l'emploi de son produit fût d'une impérieuse nécessité.

A quoi donc étaient-ils employés, les revenus de ce droit du soquet ? Ils étaient simplement employés aux travaux d'entretien des fortifications.

En exonérant du droit sur le vin, qui était le plus élevé, les chevaliers de St-Jean-de-Jérusalem, en échange de l'immeuble qu'il leur prenait, Alain le Grand cédait à des sentiments qui dénotaient un esprit conciliateur qu'on n'eût pas trouvé chez les sires d'Albret ses devanciers, plus habitués à la manière forte. Il eût pu, comme eux, prendre et ne rien donner ; mais le temps marchait ; avec lui leur race s'affinait ; quelques années plus tard, en 1503, un petit-fils allait naître à Alain, et ce petit-fils, issu du mariage de Jean Second avec Catherine de Foix, allait être Henri Ier d'Albret ; c'était le Béarn et c'était la Navarre qui allaient venir orner l'écusson d'Albret ; c'était l'aube lumineuse qui allait se lever sur le château de Nérac avec Marguerite d'Angoulême !

La maison située dans la ville basse, où les bénéficiaires du geste généreux d'Alain d'Albret pouvaient librement vendre du vin sans payer aucun droit, était édifiée dans la rue du Dauphin, devenue plus tard rue Dauphine, nom qu'elle conserve encore ; cette rue, en raison de son extrême déclivité, se distingue par des degrés qui en facilitent l'accès ; elle part de la rue Gaujac et avoisine la place de la Liberté, précédemment place du Trépadé ; elle tirait son nom d'un écusson sculpté sur la porte d'un immeuble de modeste apparence, située à gauche, et représentant un Dauphin. La maison dans laquelle se vendait le vin se nommait « Chai d'Argentens ».

Des considérations que nous venons d'exposer, il ressort qu'Alain d'Albret, dit Alain le Grand, n'a pas mis son empreinte personnelle sur le chapiteau de la colonne torse dont nous venons de parler, et qui orne la galerie Renaissance du château. Qu'il ait voulu symboliser l'autorité qui s'attachait, dès l'origine, aux sires possesseurs du monument, cela est plus probable.

C'est à la même époque qu'Alain entreprit la construction de l'aile orientale qui se distingua des autres par plus de finesse dans les sculptures, par des détails d'architecture plus épris d'art. Elle comportait deux étages, le deuxième étant mansardé, et chacun de ces étages avait cinq fenêtres sur la façade intérieure, celle qui donnait sur la Cour. Les fenêtres du rez-de-chaussée étaient carrées et à meneaux ; celles du premier étage étaient très hautes et à double meneau ; enfin, celles du second n'étaient qu'à un seul meneau, mais plus hautes que celles du rez-de-chaussée et surmontées de sculptures de grand style. Partout, les armoiries d'Alain y figuraient, entourées du collier de l'ordre de St-Michel. Au centre de cette façade, et faisant saillie sur la cour, il existait une petite tour carrée, dont la porte d'entrée permettait l'accès d'un vestibule communiquant avec la façade extérieure, celle qui regardait la Baïse.

Là, un escalier adossé au mur, en forme de perron, permettait de descendre jusqu'au terre-plein sur lequel se trouvait la tour ronde servant de cavalier pour défendre l'entrée du château. Dans l'intérieur de cette tour était l'escalier qui descendait jusqu'au pont-levis, après lequel un pont jeté sur la Baïse facilitait la sortie sur la campagne.

Cet état de lieux a duré jusqu'à la période révolutionnaire, et le plan que nous publions en tête de cet ouvrage en indique parfaitement la configuration telle qu'elle se trouvait sous les rois de Navarre.

Mais l'aile méridionale n'existait pas encore, puisqu'elle ne fut bâtie par Antoine de Bourbon et Jeanne d'Albret qu'après la démolition, en 1560, des édifices consacrés au culte catholique.

Le château n'avait donc que trois corps de bâtiment, après qu'Alain le Grand eût construit l'aile orientale. Il conserva cette disposition sous Jean Second, — à qui Catherine de Foix apporta en dot le comté de Foix, la souveraineté de Béarn et le royaume de Navarre, — et sous Henri I^er^, qui épousa la sœur du Roi de France.

Du côté sud, des terrasses s'étageaient, descendant jusqu'à des murs dont les contre-forts prenaient pied au bord de la rivière.

Avant d'aborder l'origine de l'aile méridionale, — que nous verrons toute pleine des souvenirs de Henri IV, — restons un instant sur cette aile septentrionale que peuplent encore les souvenirs de Marguerite d'Angoulême.

Puisqu'aussi bien cette aile nord, la plus intéressante des quatre par sa galerie, est la seule qui reste du château de Nérac, — puisque, par sa qualité de monument historique, elle va bénéficier d'une prochaine restauration, — évoquons un instant le passé lumineux qu'elle rappelle.

A travers les temps héroïques, cette halte dans le récit historique nous paraît nécessaire, car elle s'imprègne du parfum de poésie qui pénétra la royauté d'une femme qui régna par le cœur et par l'esprit.

Au reste, l'époque de la première Marguerite et celle d'Henri IV, qui suivra, dominent cette monographie par l'éclat dont brilla notre cité, par l'importance et le développement qu'elle prit sous les rois de Navarre.

Donc, Jean Second, fils d'Alain, venait d'épouser, en 1484, Catherine de Foix, inaugurant à Nérac le royaume de Navarre, lorsque huit ans après, — le 11 avril 1492, — naissait à Angoulême, de Charles d'Angoulême et de Louise de Savoie, une enfant à qui fut donné le prénom de Marguerite. Les bonnes fées qui entourèrent son berceau la comblèrent des plus précieux dons. Dès son enfance, mise aux mains des meilleurs maîtres par les soins du roi de France Louis XII, qui fut son tuteur, elle montra les plus admirables dispositions intellectuelles dont la nature l'avait gratifiée, — de telle sorte qu'à 17 ans Marguerite déjà connaissait le latin, le grec, l'hébreu, avait appris la philosophie, faisait de la théologie, et rimait des poèmes charmants.

On conçoit que de telles facultés la firent rechercher des grands ; c'est ainsi qu'elle épousa en 1509, à cet âge encore tendre de 17 ans, Charles duc d'Alençon. Ce fut un mariage politique ; ce ne fut pas un mariage heureux. Charles d'Alençon ne fut pour sa femme qu'un être inférieur et un mari effacé.

Veuve à 33 ans, Marguerite se retira à la Cour de son frère, le roi de France François Ier, mais l'ambiance des mœurs dissolues dans laquelle il lui fallut vivre lui parut pesante. Bref, à 35 ans, elle se remaria, et épousa en secondes noces Henri d'Albret, roi de Navarre, qui avait été, après la défaite de Pavie, le compagnon de captivité de François Ier.

Malgré que ce second mari eût sur le premier, aux yeux de Marguerite, la supériorité d'apporter une valeur guerrière et quelques vertus domestiques, le ménage n'était pas encore très assorti. Cependant, l'union aurait pu se poursuivre sans gros nuage si le roi Henri ne s'était senti piqué au cœur par le démon de la jalousie. Hélas ! ne pouvant se dominer, il prit ombrage de l'intimité de sa femme avec les beaux esprits du temps, littérateurs, penseurs, poètes, philosophes qui faisaient à cette reine, qu'on surnommait la *quatrième grâce* et la *dixième Muse*, un cercle d'adorateurs.

Et cela vint tout gâter.

Dès ce moment, le couple royal donna la mesure de démêlés conjugaux dont l'acuité alla jusqu'à l'extrême violence, et cette Cour de Nérac qui était un centre de lumière se trouva agitée, d'un côté par des passions politiques et religieuses, de l'autre par des discordes intimes.

Mais déjà le seizième siècle luit sur le pays ; Nérac se transforme ; les vestiges des constructions du XIe siècle voient se greffer sur leurs assises des maisons nouvelles ; des quartiers prennent un aspect nouveau. Le roi et la reine de Navarre partagent leur temps entre Pau, qui est leur capitale du sud, et Nérac, qui est leur capitale du nord. Frappée, sitôt après son mariage, de l'état broussailleux du territoire d'Albret, Marguerite s'est appliquée à transformer les environs de notre cité ; des laboureurs venus du Berry ont éventré l'alluvion et retourné la plaine, — d'autres, venus de la Sologne, ont irrigué la lande. Du sol, un renouveau monte et vibre à l'unisson des cœurs, car le peuple, qui aime sa reine, acclame sa bonté.

De son côté, le couple royal a pour les habitants des attentions dont chacun sent le prix.

C'est ainsi qu'au mois de mai, la population avait accès, tous les ans, sur les terrasses sud du château et pouvait s'y livrer à toutes les réjouissances publiques sous l'œil amusé des favoris de la Cour qui, du haut de la Galerie qui nous reste, suivaient les ébats de la jeunesse folle.

La Réformation était à son aurore. Marguerite s'était sentie poussée vers les idées nouvelles, et il ne lui manquait plus, pour s'attirer les foudres de la Sorbonne, que de faire du Château de Nérac l'asile et le refuge des premiers persécutés.

Elle n'hésitait pas. Voilà comment les plus ardents propagandistes purent trouver à la Cour de Navarre un accueil protecteur.

Pendant ce temps, les rimeurs de l'amour et de la chevalerie organisaient les tournois poétiques. Marguerite présidait les fêtes de l'Esprit.

Or, le Cercle littéraire et galant de la reine déplaisait fort au Roi, dont le naturel jaloux s'irritait chaque jour davantage. Un scandale ne pouvait qu'éclater. Il éclata.

C'était par un matin ensoleillé de mai. La Cour, réunie sur la galerie, regardait les jeux d'une population en liesse lorsque, pour un motif futile, une querelle s'éleva entre Henri d'Albret et Marguerite. Et, emporté par la jalousie, le roi de Navarre osa souffleter sa femme !

On juge de l'émoi que dut jeter parmi tous les personnages présents une semblable scène de famille ! Marguerite fut sur le point de quitter Nérac pour aller demander à son frère, le roi François Ier, aide et protection contre un époux brutal et grossier ; mais deux raisons impérieuses l'arrêtèrent : la nécessité de défendre contre les persécutions de la Sorbonne les apôtres de la Réforme qu'elle abritait dans son château, et la garde vigilante dont elle avait besoin d'entourer sa fille Jeanne, alors en bas-âge. Cette garde ne devait pas s'exercer longtemps, car la fillette fut arrachée de bonne heure à l'affection de sa mère, et enfermée à Plessis-les-Tours par ordre du roi de France.

L'ombre de Louis XI dut en tressaillir dans sa tombe. Vengeance de François Ier qui ne voulait pas qu'on pût promettre la main de Jeanne au fils de Charles-Quint !

Ce mouvement du cœur, très louable, auquel obéit Marguerite pour rester à Nérac ne lui fut pas profitable, car Henri, se trompant sur ces sentiments, qu'il prit pour de la faiblesse, en profita pour faire subir à sa royale épouse de sottes humiliations.

L'histoire a fourni d'autres exemples de ce genre. Ne vit-on pas, plus tard, un Gascon, M. de Lauzun, entrer hardiment et tout crotté dans la chambre de la princesse sa femme, et lui dire : « Louise de France, ôte-moi mes bottes. » C'était là une de ces excentricités qu'osait se permettre ce méridional qui joua un rôle aventureux à la Cour de Louis XIV, et qui ne se fit aucun scrupule d'épouser secrètement, en 1670, la cousine du Roi Soleil.

On pourrait supposer qu'Henri d'Albret, dans ses emportements, avait agi en catholique-romain furieux de voir l'hérésie envahir son royaume sous le souffle de ceux-là mêmes que Marguerite accueillait avec bienveillance. Il est, au contraire, plus admissible de croire que ce prince, né surtout pour les armes, manqua de la subtilité d'esprit nécessaire pour comprendre le rôle aussi délicat qu'étrange de la reine de Navarre osant défendre les idées nouvelles tout en restant catholique, et s'attirant les haines de son Clergé en recevant chez elle les plus illustres des Réformés.

C'était uniquement le cœur qui parlait en elle, et le

bien qu'elle fit rehausse sa noble figure. Ses luttes avec la Sorbonne m'entraîneraient en dehors du cadre d'une simple notice. Je cite simplement pour mémoire la sollicitude dont furent l'objet les personnages qui trouvèrent asile au Château de Nérac, — la hâte qu'elle mit à faire rentrer Lefebvre-d'Etaples, qu'elle ne sentait plus en sûreté au Château de Blois, — les conseils de prudence qu'elle prodigua au savant Etienne Dolet, qui eut le tort de ne pas les suivre, et qui ne quitta la Cour de Navarre que pour se heurter au premier bûcher qui s'allumait sur sa route, — l'amitié bien intime qu'elle témoigna au maître de la verve grivoise Clément Marot, de trois ans plus jeune qu'elle, puisque le *gentil* Clément était né à Cahors en 1495, — enfin et surtout la faveur que trouva auprès d'elle le grand Réformateur Calvin.

Au sujet de ce dernier, on montre encore à Nérac une maison du seizième siècle, élevée contre le Pont-Vieux, à l'angle de la rue Sully et de la rue Séderie, et qu'on nomme « Chaire de Calvin » ; la tradition populaire a prétendu, en effet, que c'est là que l'illustre apôtre de la Réforme aurait prêché ses doctrines.

Cet immeuble, il y a peu de jours, offrait un aspect inquiétant pour sa stabilité. Reposant sur ses fondations du côté des deux rues, il s'appuyait uniquement, — du côté de la rivière, — sur un simple madrier debout qui tendait à s'enfoncer progressivement dans les terres de la berge, détrempées à chaque crue de la Baïse. Il en était résulté une lézarde qui menaçait de séparer en deux le vieil édifice. Ce madrier vient d'être remplacé par un solide pilier en maçonnerie.

La partie nord de ladite maison paraît avoir emprunté, dans sa construction, un pan de l'ancien mur d'enceinte de la ville basse ; on voit encore, fortement planté dans l'épaisse muraille, le gond de la porte qui fermait l'entrée du pont ; au-dessus de cette porte se trouvait un pavillon dans lequel l'Administration de 1614 avait fait établir un magasin à poudre.

Cette dénomination de « Chaire de Calvin » attribuée à la maison chancelante dont nous venons de parler, serait, au dire de certains auteurs, injustifiée, pour la raison, — d'après eux, — que Calvin n'aurait jamais prêché à Nérac. M. Villeneuve-Bargemont, dans sa Notice de 1807, a, le premier, émis cette opinion. Après lui, d'autres narrateurs l'ont suivi.

Or, dans un document de 1862, dû à la plume d'une personnalité appartenant à la Religion Réformée, dont la famille a longtemps habité Nérac et y a occupé une très honorable situation, nous lisons :

« Nérac montrait naguère sur la rive droite de la
« Baïse une petite tour carrée que l'on appelait la
« Chaire de Calvin », et du haut de laquelle *le Ré-*
« *formateur annonçait au peuple les opinions nouvelles.* »

L'auteur des lignes que nous venons de reproduire, un Néracais dont les parents furent des éducateurs de la jeunesse protestante, venait de terminer ses études en théologie lorsqu'il les écrivit et les publia dans une intéressante brochure que nous avons sous les yeux, brochure très rare aujourd'hui.

Nous ne savons à quelle source les uns et les autres ont puisé, mais nous avons cru bon de signaler la controverse sur ce point important, ajoutant qu'il paraît peu vraisemblable que Calvin soit resté deux ans à Nérac dans la retraite et dans le silence sans chercher à faire des adeptes à sa doctrine.

C'est donc surtout par l'impulsion donnée au mouvement littéraire, par ses productions poétiques, par ses contes que Marguerite d'Angoulême apparaît comme une des femmes les plus remarquables de son temps.

Certains auteurs ont prétendu que le recueil de contes l'*Heptaméron* avait été composé par Marguerite dans la litière qui la portait à Madrid pendant la captivité de François Ier. C'est là une erreur. Ce voyage à Madrid ne fut pour elle qu'une obsédante préoccupation, et son esprit était loin de songer à des fictions, dans l'angoisse où elle se trouvait d'arriver trop tard pour obtenir la grâce de son frère.

Il y a plutôt des raisons de croire que les contes furent écrits à Nérac, sous des ombrages qui prêtaient à la rêverie, en un coin discret du premier parc qui constituait un enclos entre le pont et la fontaine St-Jean ; ce parc, entouré de murs assez élevés, était l'ouvrage d'Henri d'Albret.

Car si la reine Marguerite s'attachait à faire fleurir les Arts, son royal époux ne négligeait pas ce qui pouvait aider à l'embellissement de la ville. C'est à lui que doit être attribuée la construction des deux murs qui soutenaient les terrasses du château, et qui soutiennent encore la culée ouest du Pont-Neuf. Une porte pratiquée au pied de l'un de ces murs faisait communiquer les souterrains du château avec la berge de la rivière.

Sur la terrasse sud, à l'emplacement qu'occupe actuellement le Square des Bains, se trouvaient les écuries après lesquelles une galerie se profilait jusqu'à un large perron par où l'on descendait dans le *Jardin du Roy*. C'est à la place même où cette galerie était édifiée qu'existe aujourd'hui l'Etablissement de Bains de M. Lasmolles.

A l'extrêmité, et au bas du perron, un vaste espace

formant un rectangle irrégulier était planté d'ormeaux qui abritaient une pièce d'eau alimentée par la fontaine dite aujourd'hui « de la Brèche ». Nous donnerons plus loin l'explication de ce nom.

Au centre de cette pièce d'eau étaient aménagées des retraites gazonnées pour des tortues, et l'on dénommait ce bassin : *La Tortuguière.*

Le « Jardin du Roy » était borné, du côté de la rivière, par un mur qui le protégeait contre les inondations, — du côté opposé par des terrains s'étageant jusqu'au pied des remparts, — et à son extrémité méridionale par une vaste prairie. Une allée bordée d'ormeaux le divisait dans toute sa longueur. Sur la ligne du mur qui le séparait de la Baïse, et un peu en saillie, Henri Ier fit construire le « Pavillon des Bains », qui existe encore, et dont la bizarre architecture s'est très bien conservée. C'est du balcon de ce Pavillon que le petit-fils du Roi, promu à son tour à la royauté, suivra plus tard les ébats de l'Escadron Volant dans la Baïse, qui possède à cet endroit un lit de gravier peu profond.

Au milieu du jardin était un grand bassin avec jet d'eau jaillissant d'une cuvette que supportaient quatre vaches accroupies (les vaches de Béarn ;) au centre, un fût de marbre gris était surmonté d'un griffon, et longtemps la tradition populaire désigna la pièce d'eau sous le nom de « bassin du Griffon », — qu'il ne faut pas confondre avec le *Griffon* qui fut édifié plus tard à l'extrémité du cours Romas. Celui-ci fut établi par Henri IV qui, dans sa sollicitude pour les habitants de Nérac, ne négligeait rien de ce qui pouvait leur être agréable ou utile.

Nous surprendrons sûrement nos lecteurs en leur disant que de ce Bassin, qui occupait comme nous l'avons dit le point central du « Jardin du Roy », un vestige intéressant existe : c'est le fût en marbre gris qui supportait le Griffon. Cette pièce est de forme cubique, mesurant 0,75 centimètres de hauteur et 0,40 centimètres de côté. Sur une de ses faces se trouvait une inscription. Malheureusement, cette inscription a disparu sous le tranchant d'un ciseau qui a ainsi volontairement mutilé le marbre, anéantissant quelque révélation que les générations eussent aimé connaître.

Cette pièce est entre les mains d'une famille de Nérac. Il est regrettable qu'elle n'ait pas été conservée en complet état, car aujourd'hui les lignes effacées nous apprendraient sous quelle dédicace le coquet monument avait été construit.

Peut-être aussi a-t-elle été mutilée, au moment de la destruction du Bassin, par le marteau chargé de faire disparaître les traces des régimes passés.

Quoi qu'il en soit, cette pièce « historique » a eu des tribulations ; elle a même connu l'usage industriel ; elle était, au début du siècle, aux mains d'un relieur, et c'est sur elle que ce brave artisan frappait les feuilles destinées à la reliure.

Troublante transformation des choses !

Qui sait si au pied de ce marbre Marguerite n'a pas souvent rêvé, bercée par le murmure de l'eau, et si, trois siècles après elle, le relieur Néracais n'a pas « tapé » sur ce vestige des pages pleines de l'inspiration de la Reine de Navarre !

En face de la pièce d'eau que nous venons de décrire, s'élevait une construction qu'on désignait sous le nom de *Palais des Mariannes*. C'était un immeuble à deux corps en façade sur l'allée du jardin, séparés par un arceau ouvrant sur une cour intérieure. La partie nord n'existe plus ; la partie sud qui subsiste montre, par ses colonnes à l'italienne, les restes du pur style de la Renaissance. A ce bâtiment est encore adhérente l'amorce de l'arceau qui formait l'entrée principale. La construction sert d'habitation à une honorable famille néracaise dont quatre générations ont passé là.

Ce « Palais des Mariannes » fut une libéralité galante d'Henri Ier d'Albret. Pendant que la reine écoutait les flatteurs compliments dont l'enivrait la verve poétique de Clément Marot, le roi oubliait les soucis d'Etat dans les bras de sa maîtresse Marianne Alespée. Ce fut pour elle qu'il fit bâtir ladite demeure, qu'il voulut à la fois somptueuse et discrète comme un nid d'amour.

Marianne eut un fils, Joseph Alespée, dont l'éducation fut l'objet des préoccupations constantes d'Henri Ier. Ce fut là l'origine de la famille des Alespée, dont le dernier descendant périt de façon si tragique, aux jours troublés de la Révolution, sur l'allée des Quatre Seigneurs, aujourd'hui cours Victor Hugo.

Ce qui reste du Palais des Mariannes semble donner l'impression d'une construction très basse. Ce n'est pas l'immeuble qui « s'est affaissé », mais le sol de l'allée qui a haussé de niveau, par suite des transports de terre qui ont suivi la disparition de la pièce d'eau. Ce qui l'indique, c'est la moulure du soubassement qui, primitivement, devait se trouver à un mètre d'élévation, et qui actuellement est au ras du sol.

A l'extrémité sud de l'allée centrale, sur la ligne de clôture du Jardin du Roy, Henri Ier fit construire une fontaine que le populaire baptisa du joli nom de *Las Poupétos,* mot gascon qui, en diminutif, signifie *les petits seins.* Cette appellation lui vint de ce que les deux tuyaux de la fontaine étaient plantés dans des mascarons figurant des seins de femme.

Ce fut là un caprice du Roi de Navarre qui voulut faire mouler dans la pierre, afin que les générations à venir en eussent toujours la vision, la sculpturale poitrine de sa maîtresse. Le peuple, par une grivoiserie malicieuse, en a éternisé le souvenir et le nom.

Il est vrai que cela se disait en gascon. De même que le latin dans les mots « brave l'honnêteté », de même notre langue originelle a des licences qui lui sont permises. Et c'est grâce aux ressources de notre dialecte qu'un maire de Nérac, M. Détrois, put aisément se tirer d'embarras lorsque la duchesse d'Orléans, se promenant à la Garenne, lui demanda comment s'appelait la fontaine que l'on voyait dans le Jardin du Roy.

— « Altesse, répondit le premier magistrat de la « cité, cela ne se dit qu'en gascon ».

Aujourd'hui, les restes de la fontaine de *Las Poupétos* sont encore debout, mais combien ravagés par le temps !

Le fronton n'existe plus. Les deux colonnes Renaissance rappelant l'art des Médicis forment encore l'encadrement du Monument, mais une végétation parasite a disjoint les pierres et envahi la petite vasque dans laquelle s'écoulait jadis l'eau limpide.

La source a tari ; les mascarons qui figuraient des seins de femme n'existent plus ; la pierre s'est effritée sous les ans ; les tuyaux sont tombés, rongés par la rouille ; le coquet monument, élevé par le caprice d'Henri d'Albret pour symboliser des amours royales, semble accroupi dans la mousse noirâtre ; l'oubli s'est fait autour de lui, et l'eau ne coule plus comme pour laver les péchés du roi de Navarre.

L'esprit humain a vraîment des contradictions bizarres ! L'idée vint un jour à M. Fréchou, maire de Nérac, de faire transporter cette fontaine à la Garenne ; il se heurta à une protestation de gens d'alentour qui prétendirent que la fontaine de *Las Poupétos* était à sa place au Jardin du Roy et qu'elle devait y rester. M. Fréchou obéissait, sans doute à cette idée qu'un monument historique transportable gagne d'autant plus en valeur qu'il est plus en vue, — et que, puisque la statue d'Henri IV avait quitté le Château pour venir sur la place Normandie, la fontaine de Marianne Alespée pouvait fort bien quitter le coin isolé où personne ne la voit pour prendre place à la Garenne où tout le monde l'aurait vue. Elle aurait quitté un jardin pour trôner dans un ancien parc royal ; elle n'aurait pas perdu au change.

Le Maire de Nérac ne voulut point passer outre, et il fit édifier dans la Grande allée de la Garenne l'actuelle fontaine dédiée aux Marguerites.

Nous avons vu quelle acuité prenaient les démêlés conjugaux d'Henri Ier d'Albret et de Marguerite d'Angoulême. Le moindre fait donnait prétexte à des querelles intimes. Un jour, la discussion faillit dépasser les limites de la violence. Marguerite, ce matin-là, écoutait les doctrines d'un de ses directeurs de conscience, dans sa chambre située à l'extrêmité orientale de la Galerie, lorsque l'époux jaloux surgit soudain prêt à se livrer sur la reine à des brutalités sans nom. Mais déjà le doctrinaire avait disparu derrière une porte basse.

Un poète a dit que le Français, né malin, créa le vaudeville ; on voit que bien avant nos vaudevillistes modernes, l'amour avait inventé les placards. Jouant beau jeu, Marguerite voulut demander au Roi la cause de ses emportements ; Henri lui répondit en lui reprochant de vouloir trop s'instruire et de prendre trop de maîtres :

— « Madame, dit-il, vous voulez trop savoir ».

Le ménage ne retrouva donc la paix que dans la mort. Marguerite d'Angoulême s'éteignit au Château d'Odos, près de Tarbes, et Henri Ier rendit sa belle âme à Dieu en 1555, laissant pour héritière sa fille Jeanne d'Albret.

Mais déjà en 1548, un an avant la mort de Marguerite, Jeanne avait épousé Antoine de Bourbon, duc de Vendôme.

Trois mois après le décès d'Henri Ier, soit le 18 août 1555, Antoine de Bourbon et Jeanne d'Albret, dans une cérémonie qui eut lieu au Château de Pau, prêtèrent serment comme souverains de Béarn, et le même jour ils furent couronnés rois de Navarre. Cinq ans plus tard, emportée à son tour vers les idées de la Réforme, Jeanne d'Albret proscrivit le culte catholique, et fit démolir les églises et les monastères. Ce fut avec les pierres de ces monuments que le roi et la reine firent édifier la quatrième aile du Château, l'aile méridionale dont le fossé donna lieu, après la Révolution, à des travaux de déblai pour permettre d'aboutir au pont sur la Baïse ; c'est sur l'emplacement de ce fossé que se trouve aujourd'hui l'avenue de Mondenard, précédemment rue du Manège.

Le nom de « Rue du Manège » lui venait de la salle de manège, installée à côté des écuries royales dont nous avons déjà parlé et qui étaient situées, comme nous l'avons dit, sur l'emplacement du square actuel, devant les Bains.

Pour accéder au pont, les travaux de déblai furent très importants puisqu'actuellement le sol en pente de l'avenue de Mondenard est au-dessous du niveau d'un des souterrains du Château, celui qui, partant du milieu de la cour intérieure, se dirigeait vers la porte de Condom.

Les gens du Château pénétraient dans ledit souterrain par un escalier à vis situé au centre de la cour, Aujourd'hui, ce souterrain est sectionné dans l'immeuble de M. Labadie, avenue de Mondenard, et son tracé repart dans l'immeuble qui lui fait face, ancienne maison Labadie-Lagrave ; de sorte que les piétons qui se dirigent vers la route d'Agen passent, sans s'en douter, à 1 m. 50 environ au-dessous de la ligne imaginaire formée par la voûte du souterrain.

C'est dans la partie méridionale du Château que fut établie la Salle des Gardes-du-corps. Cette salle, très spacieuse, occupait presque entièrement toute cette partie Sud du monument, à l'exception d'une pièce aménagée à son extrémité orientale, prenant jour par trois côtés, sur la cour, sur le fossé et sur la Baïse. C'était là l'appartement d'Antoine de Bourbon, et plus tard la chambre d'Henri IV enfant. C'est également dans cette pièce que fut placée plus tard la « Chambre des Comptes » de Nérac, ainsi que la « Chambre de l'Edit de Guienne » établie par Henri IV à Nérac en 1598, et transportée ensuite par Louis XIII à Agen en 1622.

Mais l'accès n'en était facile ni pour les Juges ni pour le public. Pour remédier à cet inconvénient, un large escalier de pierre fut établi extérieurement prenant sa base sur la terrasse qui faisait face à la rivière. Au haut de cet escalier fut gravé le millésime 1600.

Couronnés donc en 1555 rois de Navarre, Antoine de Bourbon et Jeanne d'Albret se préoccupèrent aussitôt d'embellir et d'agrandir la ville. Le premier soin du roi se porta tout d'abord sur le parc du Château ;

ce parc, nous l'avons rappelé plus haut, se limitait entre le pont sur la Baïse et la fontaine St-Jean.

A la gauche de ce pont, sur l'emplacement qu'occupent aujourd'hui la cale et les ateliers de l'Administration des Ponts-et-Chaussées, une agglomération s'était formée, et une rue avait été tracée qui prolongeait la rue de la Séderie pour se terminer à l'entrée du pont ; on dénommait cette rue : la rue des Argentiers.

Comment cette rue, longeant la Baïse et bordée de maisons habitées se trouvait-elle là, confinant au parc royal ? Avait-elle été bâtie extra-muros, puisqu'elle se trouvait en dehors des remparts, ou bien une large ouverture avait-elle été pratiquée dans les fortifications pour continuer la rue Séderie ? Aucun document n'indique ce détail, qui est de minime importance ; nous pensons, quant à nous, malgré qu'aucun vestige de porte n'existe à l'entrée de la rue Séderie, qu'une brèche avait dû être pratiquée dans le mur d'enceinte de la ville basse pour permettre à la population, devenue sans doute trop dense, de se loger plus aisément.

Quoi qu'il en soit, Antoine de Bourbon, voulant agrandir son parc, avait besoin du terrain occupé par la rue des Argentiers ; il prit et démolit la rue. Cela, cependant, ne solutionnait pas entièrement la question, car les habitants de la rue Séderie auraient eu plein pied sur le parc du Roi. Pour se clôturer chez lui, en même temps que pour enclore ses sujets chez eux, Antoine s'empressa de rétablir le mur d'enceinte, qui subsista jusqu'en 1621, date à laquelle Louis XIII fit démanteler la ville.

Mais il ne suffisait pas, pour le caprice d'un roi soucieux d'agrandir son parc, de détruire la rue des Argentiers ; encore fallait-il loger ses habitants. A cet effet, Antoine de Bourbon fit construire pour eux une rue nouvelle dans la ville haute de la rive gauche, en dehors des remparts.

Et ce fut la rue Bourbonnette.

Dès ce moment, le quartier des « Embarrats » n'allait plus être étroitement enfermé. Ce geste de libéralité du roi de Navarre allait être le signal d'un élargissement de la Cité. Nérac allait voir ses murs reportés sur la ligne Condom-Marcadieu-Fontindelle.

C'était le commencement de la deuxième période.

**Deuxième période.** — Trois initiatives caractérisent le règne d'Antoine de Bourbon et de Jeanne d'Albret :

1° Le souci d'embellir la demeure royale et ses dépendances ; — 2° l'élan donné par eux à l'expansion de la ville hors des premières fortifications sur la rive gauche ; — 3° l'ardeur avec laquelle la reine se jeta vers les doctrines de la Réforme.

Nous venons de voir quels furent les deux premiers gestes du couple royal, par l'agrandissement du parc et l'établissement de la rue Bourbonnette. Cela eut lieu en 1556, un an après leur couronnement comme rois de Navarre.

Le troisième et non des moins importants de leurs actes fut l'appui donné par eux aux idées religieuses nouvelles. Cela se manifesta quatre ans plus tard, en 1560, après que Jeanne d'Albret et son époux, s'étant déclarés pour la religion réformée, eurent fait démolir les églises. Pour aider à l'exercice du culte protestant, le roi et la reine firent construire un Temple qui s'éleva sur le sol même de la place dite aujourd'hui « de la Fédération ». Cette place porta le nom de « Place du Temple », — nom qu'elle a conservé jusqu'en ces dernières années.

Et ici, un événement très marquant mérite d'être signalé.

Nous avons dit comment les premiers Réformés avaient trouvé au Château de Nérac aide et protection auprès de Marguerite d'Angoulême. Parmi eux, l'un des plus illustres fut Lefèvre-d'Etaples, véritable apôtre qui, sans rompre avec l'Eglise dont il avait à redouter les poursuites, n'en devint pas moins un des grands chefs de la Révolution religieuse. Marguerite lui prodigua les marques de la plus extrême bienveillance, et voulut que le Château fût un asile sûr pour sa vieillesse.

Lefèvre-d'Etaples s'éteignit à Nérac, presque centenaire, en 1537. Ses dernières paroles furent : « Je « laisse mon corps à la terre, mon esprit à Dieu et « mon bien aux pauvres. »

Des narrateurs ont prétendu que Marguerite le fit ensevelir dans un tombeau de marbre qu'elle avait fait tailler pour elle-même, et que ce tombeau, placé dans l'église de Nérac, a dû disparaître ou être détruit pendant les troubles religieux qui agitèrent la ville.

A l'encontre de ces assertions, nous croyons pouvoir dire que le tombeau de Lefèvre-d'Etaples ne fut pas détruit, — qu'il resta très peu de temps dans l'église de Nérac, — qu'il fut transporté sur la place actuellement dénommée « de la Fédération », et qu'il fut enterré là. Le grand docteur qu'on surnomma le Patriarche de la Réforme repose donc sous l'ancienne « Place du Temple », au centre même de l'endroit où Jeanne d'Albret et Antoine de Bourbon faisaient construire, vingt ans plus tard, un édifice consacré au culte protestant.

De leur mariage Antoine et Jeanne eurent un premier enfant, un garçon, né au Château de Coucy, avec pour prénom Henri, pour titre duc de Beaumont et pour parrain le Roi de France. Elevé dans un appartement constamment surchauffé, l'enfant languit vite et mourut à vingt-trois mois. Le couple royal ne fut pas plus heureux avec un second fils né au Château de Guillen, en Normandie. Par la maladresse de la nourrice qui s'amusait avec un gentilhomme près d'une fenêtre, l'enfant tomba ; une côte brisée pénétra dans le poumon, et le petit être mourut trois jours après. Enfin, pour la troisième fois, Jeanne mit au monde un garçon, qui faillit mourir avant que de naître. Jouant avec une arquebuse, Antoine de Bourbon se prit à viser très imprudemment la reine qui était dans un état de grossesse avancé. Fort heureusement, l'arme fit long feu ; sans cela, le roi allait payer fort cher son sot amusement, car il eût tué la mère et l'enfant. Les deux époux se gardèrent bien d'ébruiter l'événement, et Jeanne d'Albret put se rendre librement à Pau où elle donna le jour, le 14 décembre 1553, à un gros garçon qui fut Henri IV.

Nous ne croyons pas nécessaire de suivre dans son évolution l'enfance de ce prince, vrai diable-à-quatre, à qui les ardeurs de son tempéramment firent donner le nom de Vert-Galant.

Nous allons, du reste, le retrouver bientôt lorsqu'il prendra possession, à son tour, du trône de Navarre.

Voici donc la ville agrandie, ses murailles reculées. Du côté sud, les remparts du Château sont prolongés et vont rejoindre la porte de Condom ; les fortifications longent les Allées d'Albret, forment à l'ouest la porte Marcadieu et se poursuivent jusqu'à la porte Fontindelle, au nord ; là, elles tournent à droite et vont se terminer auprès de la rivière.

Sur ce point, les anciens murs de Nérac subsistent

encore : ils bordent le lavoir et la source de Fontindelle, continuent vers l'est, clôturent le jardin de l'Ecole Supérieure de filles et descendent jusqu'au Quai Luzignan. En certains endroits, ils ont conservé leur hauteur primitive. La petite rue transversale que l'on rencontre en descendant la rue de Bordeaux, lorsqu'on se dirige vers la route du Cimetière, porte encore le nom de « rue des Remparts. »

Chacune des trois portes, Marcadieu, Fontindelle et Condom, ouvrait sur un quartier bien distinct. Chaque quartier portait le nom de « portal ».

C'est dans cette enceinte que Nérac va vivre jusqu'au jour où le Dauphin devenu Louis XIII abattra ses murs pour punir la ville d'une rébellion. C'est dans cette enceinte qu'Henri IV, roi de France et de Navarre, va trouver sa chère cité, mais bien changée d'aspect !

En effet, dans sa nouvelle ceinture de pierre Nérac englobait des terrains qui avaient vu des lieux destinés aux sépultures, des églises surgies du sol et consacrées sans interruption au culte catholique, des monastères offrant la paix et le silence du cloître aux âmes contemplatives.

Ainsi l'église St-Michel était assise sur l'emplacement occupé aujourd'hui par le côté sud de la rue Marcadieu. Un cimetière du même nom suivait cette église St-Michel et occupait un grand quadrilatère que les nouvelles fortifications vinrent border. Ce cimetière empiétait sur ce qui fut plus tard la place Marcadieu, aujourd'hui place Normandie. De nombreux ossements humains y furent mis au jour lorsque, en 1872, on voulut établir les fondations pour la translation de la statue d'Henri IV.

En face de St-Michel, un espace libre assez réduit, sorte de petite place, séparait cette église du couvent des religieuses de Ste-Claire, au nord ; en arrière, dans la direction du Sud, se trouvait, contigu, le couvent des Cordeliers avec son église.

Ce couvent, fort important avec des dépendances, occupait une grande partie de l'actuelle rue Gambetta, précédemment rue de Condom. — L'actuelle rue Lafayette n'existait pas, et le vaste emplacement du couvent des Cordeliers venait se limiter à une petite rue encore existante qui va de la rue Gambetta aux Allées d'Albret. C'est une voie étroite qui passe derrière les magasins de la Coopérative d'alimentation « La Néracaise », et qui porte toujours le nom de « Rue des Cordeliers ».

Le couvent des Cordeliers et le monastère de Ste-Claire avaient eu pour fondateur Bernard d'Albret, allié par son mariage aux d'Armagnac.

Tout cela disparut donc sous la vague de fanatisme qui porta Jeanne d'Albret aux pires résolutions, lorsqu'elle eut embrassé le Calvinisme, illuminée par les enseignements de Théodore de Bèze. Il est dit dans une ordonnance de la reine Jeanne, datée de 1569 : « La reine veut que les oratoires, autels et rétables « des villes et des campagnes soient démolis et ra- « sés. » Dans l'ardeur impétueuse d'une foi irraisonnée, Jeanne d'Albret brisait tous les obstacles et ne reculait devant rien en matière de religion. On connaît sa devise, empruntée à la langue espagnole : *Hasta la muerte !* (jusqu'à la mort).

Quant à son royal époux, être passif en ces matières, il regardait ces événements d'un œil indifférent. Amoureux surtout du métier des armes, il passait indolent à travers les luttes des doctrinaires. Il avait changé souvent de religion, tour-à-tour par deux fois catholique et protestant, pour se retrouver catholique, quand il périt sous les murs de Rouen. S'il ne disait pas « je m'en f... », en supposant que ce langage fût de l'époque, il devait sûrement le penser, et il laissait faire.

Lorsque le sol fut jonché des débris des églises et des couvents, lorsque toute trace d'édifice ayant servi au culte catholique eut disparu, on rebâtit sur ces terrains, et des maisons particulières s'élevèrent. Mais leurs fondations n'allèrent-elles pas troubler dans leur sommeil les grands morts qui reposaient là ?

En effet, les sépultures de deux illustres personnages dont s'honore Nérac ont intéressé les narrateurs et fait verser des flots d'encre. C'est celle de Lefèvre-d'Etaples, le plus savant traducteur de la Bible, et c'est celle de Pothon de Xaintrailles, Maréchal de France et compagnon de Charles VII, mort en 1461.

Pour Lefèvre-d'Etaples, nous avons dit que ses cendres reposaient sous la place de la Fédération. Quant à Pothon de Xaintrailles, il serait enterré vers le milieu de la rue Gambetta, si l'on s'en rapporte à son testament du 11 août 1461. Il n'existe pas d'autre document à ce sujet.

D'après ce testament, Pothon exprimait la volonté d'être enseveli dans l'église de St-François. Or, le monastère des religieux de St-François et le couvent des Cordeliers dont nous venons de parler n'étaient qu'un seul et même établissement. Ce ne fut, on le sait, qu'après la Révolution que les moines de l'ordre des Franciscains, — qui, en 1789, possédaient près de 300 couvents, — abandonnèrent leur vieux nom de « Cordeliers ».

L'église de St-François n'était donc autre que la chapelle des Cordeliers, et elle se trouvait au centre de l'emplacement occupé par le monastère, — emplacement que nous avons déjà limité par la rue Marcadieu, sur laquelle se trouvait en façade l'église St-

Michel, la rue Gambetta, la petite rue des Cordeliers et les Allées d'Albret.

La dernière volonté du grand maréchal de France dut être certainement respectée, puisque près de soixante ans plus tard, un de ses neveux, Bernard de Lamothe, seigneur de Xaintrailles, désirait être enterré dans la même église de St-François où, disait-il, *son oncle Pothon de Xaintrailles avait été enseveli.*

Ce testament du Seigneur de Lamothe est du 12 juin 1518.

Ce désir exprimé par le neveu indique bien que l'oncle avait été enterré à l'endroit qu'il désignait. Et si, comme tout permet de le supposer, la volonté de Bernard de Lamothe a été exécutée, ce n'est pas un, mais deux grands noms de la Maison de Xaintrailles qui ont eu leurs sépultures sous la Chapelle des Cordeliers.

Dans ce cas, il est facile de situer ces tombes. Elles se trouvent au centre même des terrains qu'occupait le monastère, sous l'actuelle maison Larroche, rue Gambetta.

Et ce fut pour rendre hommage à la mémoire du grand Maréchal qu'une Municipalité eut la délicate pensée de donner le nom de « Rue Pothon de Xaintrailles » à la rue très courte qui relie le cours Romas à la rue Gambetta, (ancienne rue de Condom), débouchant dans cette rue à quelques pas de l'endroit où furent ensevelies les glorieuses dépouilles.

Sur ces terrains déblayés, des constructions particulières s'élevèrent vite. Antoine de Bourbon aida à l'embellissement de la ville et fit édifier la Halle sur l'emplacement qui fut le cours du Griffon, aujourd'hui cours Romas.

Embellie ? Est-ce bien le mot propre qu'il faille employer pour désigner ce geste du Roi de Navarre ? Des poètes et des humoristes ont un peu raillé cette immense et lourde charpente posée très basse sur trente énormes piliers qui formaient deux larges promenoirs. Plus près de nous, en 1875, un de nos plus spirituels Néracais, M. Maurice Lespiault, qui maniait adroitement la satire et affichait son originalité, aiguisait aussi ses traits sur ce don fait par Antoine de Bourbon aux habitants de Nérac.

Mais si, au point de vue de l'esthétique, la Halle était d'un goût architectural douteux, il eut été injuste de contester son utilité. — En servant d'abri pour les marchands de toutes sortes, — en servant de marché pour les denrées de toute espèce, — en servant de bal public pour y distraire la jeunesse, le dimanche, la Halle répondait à un besoin et joignait ainsi l'utile à l'agréable.

Deux faits ont été rapportés à propos de cette Halle de Nérac. Le premier a trait à l'histoire d'un savetier qui avait là son échoppe et qui aurait été le père du lieutenant-général d'artillerie St-Hilaire. Cette généalogie est-elle bien exacte ? Aucun document ne l'établit ; elle ne nous a été révélée d'âge en âge que par la tradition.

Le second a trait au droit de vente du pain qu'exerçaient gratuitement les boulangères à l'angle nord-est de ladite halle. Cette gratuité permanente du droit de place, pour elles et pour toutes celles qui leur succèderaient dans l'avenir, résultait d'un pacte amoureux conclu entre Henri IV et une jeune boulangère fort affable qu'il avait remarquée. La belle n'avait cédé que contre l'attribution d'un privilège. Cette concession ne coûtait pas cher au roi, et la corporation de la jolie marchande y gagnait.

Sous quelle forme et sur quel papier le compromis fût-il passé ? On ne le dit pas. On assure cependant, et M. Villeneuve-Bargemont le rappelle dans sa notice historique de 1807, qu'une boulangère du nom de Jeanne Legendre, morte en 1804, possédait ce document. L'histoire n'abonde pas en traits de la sorte, où l'on voit la concession d'un droit héréditaire pour sceller une capitulation d'amour. La jeune boulangère dont la beauté avait enflammé le cœur de son roi put céder peut-être aux charmes du prince gàlant ; en tout cas, elle n'oublia pas sa confrérie. Trois cents ans avant la création des Syndicats, ce fût là une façon charmante de pratiquer la solidarité.

Nérac, nous l'avons dit, se transformait, mais le règne du roi de Navarre touchait à sa fin. Blessé au siège de Rouen, Antoine de Bourbon mourut le 17 novembre 1562, âgé de 44 ans, laissant deux enfants : Henri, qui allait devenir roi de Navarre après la mort de sa mère, et une fille, Catherine de Bourbon, née à Paris le 7 février 1559.

De cette personne, nous ne dirons que peu de mots. Son rôle est assez effacé dans l'histoire, et la postérité ne lui doit qu'un hommage d'admiration pour ses qualités du cœur, — pour la résignation avec laquelle elle accepta, devant des raisons d'Etat, l'épreuve d'un amour déçu, — pour le dévouement qu'elle mit à seconder la politique de son frère, au point de se laisser marier contre son gré, à l'âge de quarante ans.

Catherine de Bourbon fut régente de la Navarre et de l'Albret à l'avénement de son frère Henri IV au trône de France. Elle mourut cinq ans après, à l'âge de quarante-cinq ans. Les Néracais, qui l'aimaient, manifestèrent à sa mort les plus vifs regrets.

Donc, Jeanne d'Albret, après la mort d'Antoine, fut l'éducatrice de ses deux enfants.

Quand le jeune prince Henri eut atteint sa dix-neuvième année, il fallut songer à le marier, et c'est dans ce but qu'un voyage à Paris fut décidé au commencement de 1572 pour y traîter le mariage avec Marguerite de Valois, sœur de Charles IX. Par quelle cause, Jeanne y mourut-elle le 10 Juin ? L'opinion prétendit qu'elle y avait été empoisonnée. Mais ici, nous entrerions dans l'Histoire générale, et le récit sortirait du cadre de cette notice toute locale.

Laissons donc de côté les grands faits de France, et retournons aux évènements strictement liés aux transformations successives de notre cité.

Henri d'Albret, devenu Henri IV, va maintenant occuper cette monographie de Nérac et du Château ; quelques traits de son caractère montreront par quelle affinité de sentiments il s'était rendu populaire auprès des habitants de sa chère ville.

Nérac avait joui de privilèges dont l'inventaire était conservé dans les archives de l'Hôtel-de-Ville, mais l'incendie du 7 janvier 1611 détruisit tout. Rappelons brièvement ces privilèges. Ils furent accordés en premier lieu par Jean Ier en avril 1339, puis successivement par lettres-patentes d'Edouard III, roi d'Angleterre, le 18 février 1342, confirmées par Charles V le 11 juin 1370, — par lettres-patentes de Charles VI, en mai 1404, — et par autres lettres-patentes encore de Charles VI en octobre 1410.

Enfin, des coutumes avaient été données par Charles II, sire d'Albret, aux habitants de Nérac le 18 octobre 1469. Le texte de ces coutumes est fort curieux. Le bas latin n'y était déjà plus employé, et la langue romane y était substituée dans tous les actes officiels.

On sait que de sept groupes linguistiques sont issues les langues romanes, divisées elles-mêmes en langues littéraires et en dialectes régionaux. Ces sept groupes sont : l'italien, le français, le provençal, le catalan, l'espagnol, le portugais et le roumain.

En ce qui concerne le pays de Nérac, la langue romane employée dans la rédaction des coutumes accordées par Charles II se caractérise par une prédominance de l'espagnol, d'où est sorti notre dialecte, vulgairement et à tort appelé « patois ». Au temps où les communications étaient peu faciles, les dialectes se localisaient en conservant leur pureté, mais par la suite, les migrations des individus ayant favorisé le mélange des espèces, il s'est fatalement formé des « parlers » qui n'étaient que des sous-dialectes abâtardis.

Pour donner une idée de la langue romane utilisée dans les coutumes de Charles II, sire d'Albret, nous croyons devoir en citer quelques phrases :

« Coneguda causa sia als presens et als adveni-
« dours que las cou*s*tumes approuvadas, els usatges
« approuvats et anciennemen observats de la ville de
« Nérac sont atals et comme s'enseguen et dessus es
« escript... etc.

« Al commençament es coustume et usatge en la
« ville de Nérac que tout seignour... etc.

« Tous bayles que sian mes per lo senhor à Nérac
« deben jura al conseil, recevant per lor, por la uni-
« versitat... etc.

« Toute demande que om face à vézin deu estre
« pleyteïade et terminade en la métisse ville et ju-
« geade per lo senhor à la conegude del conseilh...
« etc. »

Etc...

Il suffit, dans la prononciation, de substituer l'o à

l'e muet final pour avoir la consonnance espagnole ; il suffit encore de substituer partout l'é accent aigu à l'e muet, et l'on aura le parler gascon conservé dans le pays d'Albret.

Ces coutumes et les privilèges qu'elles accordaient aux habitants de Nérac, Henri IV s'empressa de les confirmer au commencement de son règne. L'acte par lequel cette confirmation eut lieu est écrit en vieux français.

Nous croyons devoir en donner le commencement et la fin :

« Nos chers et bien-aimés consuls, syndics, jurats « et habitants de notre ville de Nérac nous ont fait « remonstrer que pour plusieurs grandes considéra- « tions les feus roys de France et les Sires d'Albret « nos prédécesseurs leur ont cy-devant donné, oc- « troyé et concédé plusieurs privilèges, exemptions, « franchises et libertés, contenues et déclarées en let- « tres qui leur ont été expédiées d'heuement vériffiées « ... etc.

« Sy donnons en mandement à nos aimés et feaux « conseillers, que du contenu cy-dessus ils fassent, « souffrent et laissent lesdits consuls, syndics, jurats « et habitans et leurs successeurs jouyr et user plai- « nement, paisiblement et perpétuellement... etc.

« Donné à Mantes au moys d'avril l'an de grâce « mil cinq cens quatre-vingts-treize et de nostre règne « le quatriesme. »

« Henri ».

Ainsi Henri IV inaugurait son règne par un grand geste en faveur de ses compatriotes. L'acte de confirmation des privilèges dont jouissait notre cité fut enregistré par le Parlement de Bordeaux le 20 Mai 1594, et la lecture en fut faite par les Consuls dans l'Hôtel-de-Ville de Nérac, toutes portes ouvertes.

La population accourue manifesta sa joie, en même temps que sa reconnaissance envers son roi gascon.

Deux témoins restent encore de ce fait qui compte dans notre histoire locale : l'acte officiel et l'Hôtel-de-Ville. L'incendie qui consuma plus tard cet Immeuble détruisit la copie qui était conservée dans les archives locales, mais l'original est resté aux archives nationales, faisant partie des ducs de Bouillon.

Quant à l'Hôtel-de-Ville, il dresse encore dans la rue de l'Ecole sa façade noircie surmontée de son beffroi, sorte de clocheton à toit aigu.

Cette construction date de la fin du seizième siècle, mais elle ne rappelle point l'édifice de même destination primitivement élevé là. Celui-là remontait au quinzième siècle, et ce fut sur ses ruines que fut bâti l'Hôtel-de-Ville que l'on voit encore de nos jours. Ce dernier ayant été incendié le matin du 7 janvier 1611, — le feu s'étant déclaré dans un magasin à poudre logé au grenier, — une partie de la façade dut être rebâtie. Seuls, les murs du rez-de-chaussée avaient résisté à l'action des flammes ; l'entrée principale qui subsiste, avec son tympan effrité, porté sur pilastres que la vétusté fait disparaître chaque jour davantage est la même par laquelle les habitants de Nérac se précipitèrent radieux, un jour, pour entendre confirmation des libertés qu'on leur accordait.

Henri, roi de Navarre après la mort de sa mère, avait épousé, le 18 août 1572, Marguerite de Valois.

Nous passerons sur les événements politiques et les luttes religieuses, la Ligue, les Etats Généraux de Blois, les hostilités sans cesse suspendues et reprises.

Tout cela est du domaine de l'Histoire Générale.

Reprenons tout simplement Henri IV cinq ans après

son mariage, et constatons que déjà il était brouillé avec sa femme. Le désir de Catherine de Médicis était cependant de réconcilier les deux époux. A cet effet, elle convoqua Henri à La Réole, où des conférences organisées par elle devaient avoir lieu. Connaissant le tempérament du roi de Navarre, elle s'entoura de jeunes et belles demoiselles, espérant bien qu'Henri tomberait dans le piège qu'elle lui tendait.

Singulière façon de vouloir ramener la paix dans le ménage royal en jetant au mari l'appât de beautés faciles ! C'est ce cortège de jolies filles que l'on a baptisé du nom d'Escadron Volant de la Reine.

Henri de Navarre n'eut pas de peine à pêcher dans le lot une violente passion, mais les espérances de Catherine furent déçues. La conférence échoua.

La reine-mère, cependant, n'était pas femme à se tenir pour battue ; elle s'empressa d'indiquer une seconde conférence pour Nérac.

Henri y vint, à la grande joie de tous, il y vint avec sa femme. A cette occasion, la ville fit à Marguerite de Valois une réception splendide. Trois jolies filles du pays, symbolisant les trois Muses, — gasconne, française et latine, — récitèrent un poème composé en trois langues par Saluste du Bartas, accouru du Château de Hordosse.

Ce fut la Muse gasconne qui eut le plus vif succès, et la demoiselle Sauvage, qui la symbolisait, reçut comme cadeau de la Reine le mouchoir de gaze que Marguerite portait à son cou.

Ce ne fut, dès lors, qu'une longue série de fêtes brillantes, de plaisirs de toutes sortes. Des conférences eurent lieu. Elles se tinrent dans un immeuble encore existant, situé à l'angle de la rue de l'Ecole, avec entrée sur une petite rue qui débouche place St-Nicolas, et qui porte le nom de « Rue des Conférences ». — Ladite entrée ouvre sur une cour intérieure dans laquelle existe une galerie du temps, avec sa colonnade. La façade principale dudit immeuble, très bien conservée, est dans la cour ; elle est orientée au midi, mais il est à remarquer qu'il n'y a là qu'un des deux corps de logis de la belle construction du seizième siècle ; l'autre a disparu, et c'est sur ses fondations que, plus tard, fut édifiée la maison d'habitation qui est aujourd'hui en façade sur la place St-Nicolas.

Telle est cette maison, que l'on a désignée et que l'on désigne encore sous le nom de « Maison des Conférences », — qui vit réunies deux Cours, la Cour de France et la Cour de Navarre, pour discuter de graves questions où les problèmes politiques tinrent, un moment, moins de place que des tactiques de réconciliation matrimoniale ou amoureuse.

Cette réconciliation ne devait assurément satisfaire que ceux qui voulaient bien se contenter des apparences. En décochant au roi les plus jolies filles de son Escadron Volant, dans l'espoir de donner à la reine le beau rôle d'épouse indignée, Catherine de Médicis se trompait dans ses calculs. Henri cueillait des fleurs dans ce parterre de beautés, et le ménage ne marchait pas mieux.

Mais tout d'abord nous ne saurions passer sous silence les effluves de tendresse juvénile qui marquèrent les premières années d'Henri IV, et notamment la touchante légende de Fleurette dont le souvenir vit toujours dans le pays. Les légendes sont un peu de l'histoire idéalisée, et l'on aurait grand tort d'en détruire le charme et le parfum. Celle de Fleurette se place vers 1572. Le roman d'amour dura peu. Fleurette, fille du jardinier du roi, s'était éprise d'amour pour le prince Henri, alors âgé de 19 ans ; elle en

Cliché Gaure, Nérac

HOTEL SULLY

*(Rue Sully)*

avait 17. Henri répondit à la passion de la timide enfant, et tous deux se sentirent pris dans le vertige d'une idylle à laquelle le prince dut s'arracher pour aller épouser à Paris la sœur du roi de France.

Son départ fut précédé d'une fête brillante donnée au Château de Nérac. Henri manqua au rendez-vous convenu à la Garenne, et Fleurette, se voyant abandonnée, chercha l'oubli dans la mort en se jetant dans l'eau du bassin de la fontaine St-Jean.

C'est cet événement d'une si tragique douceur que rappelle le marbre symbolisant Fleurette noyée.

La maison du jardinier, maison natale de Fleurette, se trouvait presque au centre du « Jardin du Roi » que nous avons précédemment décrit, du côté opposé au « Palais des Mariannes ». Aucun vestige n'en subsiste. Sur ses fondations se sont élevées plus tard d'autres modestes constructions.

Henri de Navarre éprouva-t-il un regret en apprenant la triste fin de Fleurette ? On ne sait. Toujours est-il que le papillon doré ne s'arrêta point d'aller brûler ses ailes à d'autres flammes. Il est vrai que la maladroite Médicis, dont la ruse italienne était ainsi mise en défaut, favorisait sans s'en douter les débordements d'un prince au cœur bouillant, en laissant évoluer autour de lui son Escadron Volant.

Marguerite de Valois calculait différemment. Elle escomptait que toutes les dames de sa suite envelopperaient dans leurs filets les amis et compagnons de son royal époux ; ce fut ce dernier qui se trouva pris. Et la liste des victimes du roi galant serait trop longue à dresser, pour ne parler que de celles qui laissèrent tomber leurs voiles à Nérac : d'Ayelle, Fosseuse, Le Rebours, Corisande, etc., enfin la mystérieuse inconnue que la tradition ne révèle que sous le nom de la « Dame du Château d'Allons », et la charbonnière de Capchicot. Celle-ci était la jolie femme du charbonnier Etienne St-Vincent, plus communément appelé Capchicot, nom de l'endroit où s'élevait son humble logis, au milieu des landes d'Allons.

L'anecdote de Capchicot, que nous rappelons en passant, est fort connue. Nous ne croyons pas nécessaire d'entrer dans ses détails. Elle se rapporte, on le sait, aux circonstances dans lesquelles Henri de Navarre, s'étant égaré à la chasse par mauvais temps, et la nuit venue, trouva une large hospitalité chez le charbonnier St-Vincent qui l'hébergea et lui céda son lit.

L'aventure eut des suites puisque Henri eut un fils de la charbonnière.

Des auteurs ont prétendu que ce fut là l'origine de la famille Lavaissière, du Mas d'Agenais, aujourd'hui éteinte ; à notre avis, ils ont fait erreur ; l'origine de cette famille est différente, et la confusion est simplement née de ce que, plus tard, des Lavaissière s'allièrent à des descendants d'Etienne St-Vincent, car le Charbonnier fut anobli en 1597, ne l'oublions pas.

En effet, la nuit d'amour d'Henri de Navarre avec la charbonnière est de 1578. L'année d'après, vers le milieu de 1579, Henri fit construire le Château de Capchicot, sous prétexte d'établir un rendez-vous de chasse dans les landes de l'Albret ; il en fit don à Etienne St-Vincent, et l'y installa. La charbonnière, châtelaine improvisée, y apporta le charme de sa joliesse, et c'est là que le jeune roi allait souvent oublier les plaisirs de la chasse.

Il serait difficile de s'expliquer autrement que par une dette de reconnaissance de la part d'Henri la rapide fortune du charbonnier, — lequel, sans prétention, finit par se trouver le plus heureux des trois, car sa philosophie lui valut des honneurs et des titres nobiliaires. Les lettres-patentes d'anoblissement sont du 20 avril 1597. Elles mentionnent qu'elles sont accordées par Henry, roi de France et de Navarre, en faveur d'Estienne St-Vincent de Capchicot et ceux de sa postérité.

Il est dit dans ces Lettres d'anoblissement que pareille faveur est accordée audit St-Vincent pour « les « services qu'il a rendus en faisant servir sa maison « de rendez-vous de chasse, de refuge et passage aux « officiers, domestiques et personnes attachées à la « suite du Roi. »

Elles se terminent par la formule suivante :

Donné à St-Germain en Laye, le vingtième jour d'avril, l'an de grâce mil cinq cens quatre-vingt-dix-sept, et de notre règne le huitième.

Signé : Henry.

Ainsi donc, le Roi de France récompensait le service rendu au prince Henri de Navarre.

Lorsque le charbonnier mourut en 1612, la formalité de l'entérinement des Lettres-patentes n'ayant pas été accomplie, et Henri IV étant mort en 1610, la descendance de Capchicot ne put obtenir la transmission du titre qui l'anoblissait. Louis XIII cependant, se décida à confirmer les dites Lettres-patentes ; les lettres de confirmation portent la date de Juin 1613.

Dès lors, le titre était régulier.

Ce n'est que vers l'année 1645 qu'une famille de Lavaissière aurait été alliée à celle de Capchicot.

L'aventure de la charbonnière se plaçant donc en 1578, c'est-à-dire six ans après l'apparente réconciliation du couple royal, à l'occasion des Conférences de Nérac, on voit la fragilité de la sympathie que se manifestaient mutuellement Henri et Marguerite. Au lieu de froids aveux du bout des lèvres, devant une Cour intéressée et pour des raisons politiques, il eut mieux valu pour eux avouer l'indifférence qui les tenait si fréquemment éloignés l'un de l'autre. Car Henri était vite retourné à des amours toujours nouvelles.

De son côté, Marguerite de Valois, celle qu'on appelait familièrement la reine Margot, ne comptait déjà plus les accrocs donnés par elle à la fidélité conjugale, et, lancée dans les plaisirs, elle suivait tout simplement le chemin qui conduit aux scandales.

Un instant, cependant, elle imposa une trève à ses débordements trop démonstratifs et sembla chercher une diversion en s'occupant de rendre plus agréable sa résidence de Nérac. Le Château reçut des améliorations intérieures dans l'aile méridionale. La Garenne s'embellit.

L'ancien parc royal établi par Antoine de Bourbon conserve encore des vestiges du temps. En effet, près de la fontaine St-Jean s'amorcent les restes du mur qui clôturait l'oratoire où Marguerite allait prier ; à deux pas, sous un tertre où, d'après la tradition, Fleurette reposerait, se dressent deux ormes jumeaux, géants aujourd'hui dont le vent fait ondoyer les dômes verts. Ces deux arbres furent plantés, l'un par Henri IV, l'autre par Marguerite de Valois en signe de réconciliation.

C'est une opinion qu'ont donnée certains auteurs au sujet de ces deux ormeaux magnifiques qui, plantés sur le talus de gauche, semblent commander l'entrée de la Garenne, immédiatement après la fontaine St-Jean. Aucun document n'en fait mention. L'assertion peut être exacte, malgré cependant que les dissentiments qui régnaient entre les deux époux permettent d'en douter.

Enfin, la fameuse allée de 3000 pas, qui constitue aujourd'hui la belle promenade de la Garenne, déroule toujours son superbe ruban entre la rivière et le taillis.

Cette mesure de 3000 pas limitait et limite encore la distance qui existe entre la fontaine St-Jean et le moulin de Nazareth. Quelques-unes des pierres qui en marquaient le parcours de cent pas en cent pas subsistent encore : ce sont de petites bornes de forme cubique émergeant à peine du sol ; l'herbe et la mousse des talus les cachent à l'attention du promeneur, mais l'œil exercé de ceux qui cherchent dans les traces du Passé la leçon ou les secrets de l'Histoire les distingue aisément ; elles ne portent pas d'autre marque qu'un trait et un chiffre taillés en creux par le ciseau sur leur face supérieure ; les intempéries en ont adouci les contours.

On trouve ces bornes primitives sur le côté gauche de la grande allée, au bas du petit talus qui borde le bois.

Ce temps d'arrêt dans l'inconduite de Marguerite dura peu. Si son royal époux ne put dominer les passions ardentes de son tempérament, elle, de son côté, parut se soucier légèrement du scandale que provoquait la licence de ses mœurs. Après une séparation définitive, elle quitta Nérac pour aller s'installer à Agen où elle donna la mesure de ses goûts débridés.

Nous ne la suivrons pas à travers ses aventures qui finirent par la faire enfermer au Château d'Usson où sa captivité dura près de vingt années.

Cette détention lui pesa-t-elle ? Légèrement, sans

doute, puisqu'elle réussit à séduire le Gouverneur de la forteresse.

Pendant ce temps, Henri continuait à mener de front les affaires d'Etat et ses affaires d'amour, sous l'œil amusé de ses compagnons et de Sully. La demeure de ce dernier, appelée de nos jours « Hôtel Sully », existe encore dans la rue qui porte son nom au Petit-Nérac.

Mais est-il bien certain que le grave ministre de Henri IV l'ait habitée ? La façade de cet hôtel, sur la rue Sully, est du dix-septième siècle, tandis que la partie arrière, avec sa tour et son escalier à vis rappelle l'époque de la Renaissance. Il y aurait donc eu restauration d'une partie de l'Immeuble, ainsi qu'en attestent la date 1615, et le nom Dubrouilh (l'entrepreneur ?... ou le propriétaire ?...) que l'on voyait naguère sur une cheminée de la partie restaurée.

Or, Sully n'était peut-être pas encore de ce monde lors de la fondation de la partie ancienne de cette demeure ; et, d'autre part, né en 1559, il avait 56 ans au moment où s'inscrivait sur les murs intérieurs la date de 1615. Par qui ? Sans doute par la main de celui qui avait achevé les travaux.

Quoi qu'il en soit, l'assertion suivant laquelle le duc de Sully aurait habité cette demeure, restaurée en façade sur la rue au goût du dix-septième siècle, paraît probable. Retiré des affaires publiques après la mort de Henri IV, l'ancien surintendant des Finances n'affichait pas un désintéressement absolu. Amoureux du confort et pourvu d'une très forte pension, il vécut dans une retraite dorée, et mourut en 1641, à l'âge de 82 ans.

Nous avons dit qu'Henri IV ne s'arrêtait pas dans la poursuite de ses conquêtes. Une de ses passions les plus vives fut celle qu'il éprouva pour Diane d'Andouins, comtesse de Gramont, dite la belle Corisande, chevaleresque personne qui, veuve à vingt-six ans, avait embrassé avec ardeur la cause royale. Diane montait, épée au poing, les plus hauts palefrois, guidait ses gens dans les plus hardies chevauchées, et pour soutenir le roi de Navarre, n'hésita pas à vendre ses biens et ses bijoux afin de pouvoir lever une forte armée.

Au sujet de Corisande, une anecdote fort amusante est rapportée. Si l'aventure de la Charbonnière est bien connue, celle de Diane d'Andouins l'est moins, je dirai même presque pas. Elle ne manque pas de piquant. De vieux manuscrits nous ayant permis de la retrouver, le lecteur nous saura gré de la rappeler, avant de reprendre la suite des transformations de Nérac sur la rive gauche :

On sait que la Tour d'Avance fut, sous Henri IV, un rendez-vous de chasse. Située à l'extrémité d'un parc immense qui s'étendait jusqu'aux portes de Durance, et où l'on entretenait le gibier destiné aux plaisirs cynégétiques du Roi, la Tour recevait des invités de haut rang, tous joyeux convives, et ses murs laissaient fuser au-dehors plus d'éclats de rire que de graves délibérations sur les secrets d'Etat.

Les jours de grande chasse, Henri IV y recevait, en même temps que ses familiers, les beautés de l'Escadron-Volant. Parmi les gentes dames admises à suivre la meute qui traquait le sanglier, et à prendre part ensuite au festin royal, figurait la comtesse de Gramont.

Or donc, ce jour-là, Henri faisait les honneurs de la Tour-d'Avance à sa belle Corisande. C'était la veille d'une grande battue. La Cour était là réunie ; les invités y étaient nombreux ; il y avait de la joie dans l'air, de la gaîté dans les esprits, un peu de folie dans les têtes ; tout promettait pour le lendemain un plaisir sans mélange.

La nuit mit un peu de fièvre au front des plus impatients. Enfin, l'aube zébra le ciel de teintes opalines ; les piqueurs sonnèrent le réveil. En un instant tout le monde fut sur pied et prêt pour le départ ; les chiens, fustigés par les valets de meute, tiraient sur les accouples, les chevaux piaffaient, les cavaliers échangeaient avec les dames les saluts et les compliments flatteurs.

Une personne, cependant, manquait à l'appel. Qu'était-il donc arrivé à la belle comtesse de Gramont ? Un trouble se peignit sur tous les visages lorsqu'on sut que Diane d'Andouins n'avait pu quitter son lit, clouée par une douleur très vive qui, localisée dans les muscles du cou, mettait la charmante personne dans l'impossibilité absolue de bouger ; toute contraction, tout mouvement de la nuque arrachait à la malade un cri violent.

Que faire ? Le médecin de Sa Majesté n'étant pas présent ce jour-là, un valet de meute vint tirer Henri IV d'embarras.

— Sire, dit-il, il y a Guillaumin qui pourrait...

— Guillaumin ?... ce rustre qui se dit guérisseur ?... qui vit de maraude ?... que les naïfs charbonniers n'osent rencontrer dans la lande qu'en se signant ?... ce vagabond qui mériterait cent fois la corde ?...

— Sire, on dit dans le pays qu'il a sauvé des malades.

— Eh bien, qu'on amène ce manant.

Celui que le roi désignait ainsi était un rusé braconnier qui avait plus d'un tour dans son sac. Deux laquais eurent tôt fait de le dénicher rôdant sous les futaies. Il se laissa docilement emmener, et n'éprouva nulle gêne quand il fut introduit dans la chambre où la comtesse de Gramont était étendue dans un lit blanc que surmontait l'écu de Béarn.

Corisande considéra avec stupeur l'homme dépenaillé que Sa Majesté lui amenait. Guillaumin, lui, n'eut pas à examiner deux fois la malade pour reconnaître un cas de torticolis aigu sur lequel les révulsifs eussent été impuissants, mais qui devait céder à une soudaine et violente contraction des muscles.

— Peux-tu guérir ce mal ? demanda Henri IV.

— Oui, Sire, répondit le rustre.

—Par quel remède ?... ou par quel procédé ?

— C'est mon secret.

— Peux-tu me le dire ?

— Non.

— Soit. Quel temps te faut-il ?

— Cinq minutes, Sire.

Le roi sursauta, croyant à une plaisanterie du facétieux landais. Sa surprise fut plus grande encore lorsque Guillaumin ajouta :

— De plus, j'exige qu'on me laisse seul.

Henri prit l'homme par le bras et le secoua fortement.

— Ecoute, dit-il, on ne se joue pas impunément de moi. Je te laisse seul et je te donne cinq minutes. Si tu obtiens la guérison, je te fais compter cinquante écus d'or. Si dans cinq minutes la comtesse n'est pas guérie, je te fais pendre.

Et sur ces mots, Henri IV quitte la pièce.

Corisande, tremblante de peur, darde maintenant ses grands yeux noirs, plein d'inquiétude, sur le rustre qui est là, devant elle, cependant que le roi très intrigué, observe par la porte entre-baillée.

Soudain, l'homme de la lande retrousse ses manches, et, tel un forcené, fait mine de se précipiter furieusement vers le lit.

La malade pousse un cri d'effroi terrible, et, dans un instinctif mouvement, cherche à se dresser comme pour parer à une subite attaque. Au même instant, Henri fait irruption dans la chambre et saisit le rustre au collet.

— Maraud ! Tu seras pendu !

Mais tout aussitôt un éclat de rire de la comtesse de Gramont fuse dans l'air.

— Elle est guérie, Sire, dit Guillaumin. Il suffisait de provoquer la peur. Par une contraction brusque du cou, la malade a rétabli, elle-même, sans s'en douter, le libre jeu des muscles.

— Ventre St-Gris ! dit Henri, en riant, c'est vrai ! Tu auras tes cinquante écus d'or, mais j'entends que ton procédé reste ignoré de ma Cour.

Quelques instants après, le madré guérisseur, sifflotant dans ses dents, s'enfonçait dans les taillis, et Diane d'Andouins se joignait à l'équipage du roi.

La chasse allait commencer.

Nous n'en finirions pas sur les anecdotes, et de nombreuses pages nous seraient encore nécessaires si nous voulions rapporter tout ce qui a trait au tempérament, au caractère, à l'ardeur juvénile comme aux aventures amoureuses de Henri IV.

Tel n'est pas strictement notre but.

Une autre anecdote, cependant, mérite de trouver place dans cet ouvrage ; le lecteur nous saura gré de la rapporter ; elle se place en 1596, et se trouve liée à des événements d'Etat.

Elle eut pour théâtre l'antichambre de « l'Assemblée des Notables » à Rouen, et nous l'évoquons en reproduisant le discours qu'Henri IV y prononça.

Or donc, dans lè but de ramener l'ordre dans le

pays, Henri IV, roi de France, convoqua les Notables à Rouen le 4 novembre 1596. Ceux-ci s'y trouvèrent réunis au nombre de 80, dont 52 du Tiers-Etat, 19 de la Noblesse et 9 du Clergé.

Ceci touche évidemment à l'Histoire générale de la France, mais ce n'est pas sous ce jour que nous le publions. En relatant cette réunion qui devait préparer une convocation des Etats Généraux, nous n'avons en vue que de mentionner la piquante aventure qui en marque l'issue, et dont les héros furent Henri IV et l'une de ses maîtresses.

Dès l'ouverture de l'Assemblée des Notables, Henri y prononça un discours, digne dans sa simplicité ; nous en reproduisons ci-après le texte :

« Si je voulais acquérir le titre d'orateur, j'aurais « appris quelque belle et longue harangue, et je vous « la prononcerais avec assez de gravité. Mais, Mes« sieurs, mon désir me pousse à deux plus glorieux « titres, qui sont de m'appeler libérateur et restaura« teur de cet Etat. Pour à quoi parvenir je vous ai « rassemblés. Vous savez à vos dépens, comme moi « aux miens, que lorsque Dieu m'a appelé à cette « couronne, j'ai trouvé la France quasi-ruinée, mais « presque toute perdue pour les Français. Par la « grâce divine, par les prières et par les bons conseils « de mes serviteurs qui me font profession des armes, « par l'épée de ma brave et généreuse noblesse, de la« quelle je ne distingue point les princes pour être « notre plus beau titre, foi de gentilhomme, par mes « peines et labeurs je l'ai sauvée. Sauvons-la, à cette « heure, de la ruine. Participez, mes chers sujets, à « cette seconde gloire comme vous avez fait à la pre« mière. Je ne vous ai point appelés, comme faisaient « mes prédécesseurs, pour vous faire approuver leurs « volontés. Je vous ai fait assembler pour recevoir

« vos conseils, pour les croire, pour les suivre, bref « pour me mettre en tutelle entre vos mains ; envie « qui ne prend guère aux rois, aux barbes grises et « aux victorieux. Mais la violente amour que je porte « à mes sujets et l'extrême envie que j'ai d'ajouter « ces deux beaux titres à celui de roi ne font trouver « tout aisé et honorable ».

On raconte qu'un témoin assistait, sans être vu, à cette séance officielle. C'est Gabrielle d'Estrées, qu'Henri IV avait fait cacher derrière une tapisserie.

Il est rapporté dans le « *Journal de Pierre L'Estoile* », t. III, p. 185, que lorsque le roi voulut demander à la belle Gabrielle quel effet ses paroles avaient produit sur elle, la jolie femme se montra fort surprise de ce que Henri IV eût parlé de « se mettre en tutelle ».

Et le madré monarque aurait répondu : « Ventre « St-Gris ! c'est vrai, mais je l'entends avec mon « épée au côté. »

C'est sur la fin de ce seizième siècle que Nérac reçoit des transformations dont bien des vestiges nous restent. Certaines demeures ont changé d'aspect tout en gardant quelques parties essentielles de leur armature : seuils d'entrée principale, fenêtres à meneau, portes aux ferrures primitives, etc. Les deux rues où ces restes sont les plus apparents sont la rue de l'École et la rue Puzoque parce que c'est autour de ces deux voies que se groupait la cité d'Henri Ier d'Albret.

Dans la rue Puzoque, un des immeubles les plus curieux est l'Hôtel Brazalem, mais il n'en subsiste qu'une partie. L'ensemble, grâce à des vestiges séparés, est facile cependant à reconstituer. En effet, la grande façade qui est orientée au Midi, sur la plus forte déclivité de la rue, — presque au tournant qui aboutit à la petite fontaine située à la jonction de cette rue Puzoque et de la rue de l'Ecole, — n'était pas seule ; elle avait un pendant qui formait l'angle de la rue Bourges ; entre les deux se trouvait un petit corps de logis reliant les deux grands corps de bâtiment. La porte principale, qui se trouvait ainsi être centrale, parait échapper au regard du passant, mais elle existe encore et forme tout simplement la porte de la troisième entrée en partant de la rue Bourges. Une cour intérieure existait, dont le mur de clôture formait angle avec la rue de l'Ecole et la rue Bourges. De la sorte, l'Hôtel Brazalem avait l'étendue d'un quadrilatère assis sur trois rues.

Dans la cour se trouvait et se trouve encore une tour pentagonale très bien conservée, et si le lecteur porte ses pas vers la rue Bourges, il verra, vers le milieu de cette rue, l'amorce de l'arceau qui formait l'entrée de la cour.

On peut juger, par l'ampleur de ces assises, de l'importance que présentait une semblable demeure.

Dans cette même partie de la rue Bourges, étroite et sombre, on remarque, en face des restes de l'arceau qui commandait la cour de l'Hôtel Brazalem, l'encadrement de ce qui fut une belle porte d'immeuble de la même époque.

Quant à la haute maison qui est de l'autre côté sur la rue Puzoque, elle est d'une date postérieure, ainsi que l'atteste le chiffre 1620 gravé sur la clef de voûte de l'entrée principale. La façade a subi, à diverses époques, plusieurs transformations.

Dans cette même rue Puzoque, mais dans la partie haute qui, dénommée plus tard Grande Rue, est aujourd'hui rue Armand Fallières, il existe une maison qui fut le domicile du comte de Richemont « Arthur de Bretagne », allié en 1442 à la famille d'Albret. Cette maison présente une porte cintrée qui était autrefois surmontée des armes de Bretagne et de l'écusson d'Albret écartelé de France. La partie supérieure de l'habitation était en pans de bois, mais elle fut plus tard reconstruite. Il reste du rez-de-chaussée les deux pilastres qui encadraient la porte. Cette maison est celle où se trouve installé un débit de vins (ancienne maison Bonnemaison).

A l'angle de l'immeuble où se trouve installée la fabrique de sandalettes de M. Castagnet est la petite rue Jean Le Prince qui va rejoindre la rue de l'Ecole. C'est dans cette rue qu'habitaient les prêtres desservants de St-Nicolas, en une maison dont la porte s'ornait d'une sculpture symbolique avec le monogramme du Christ. Ces attributs n'existent plus.

C'est également sur la fin de ce seizième siècle qu'Henri IV, toujours guidé par sa sollicitude envers ses chers habitants de Nérac, fait construire le Griffon, fontaine monumentale qu'une Municipalité crut devoir démolir afin de permettre la répartition de son eau sur plusieurs points de la ville. Nous rappellerons très brièvement plus loin les circonstances de cette démolition, et ce qu'il advint des diverses parties de ce monument, assez curieux par sa forme.

Le Griffon était établi sur la partie haute du cours qui portait son nom, aujourd'hui cours Romas, et sur la place où se faisaient, au quinzième siècle, les exécutions.

En même temps qu'il dotait Nérac d'une fontaine pour capter et distribuer l'eau de la source qui coule à l'ouest et à très peu de distance de la ville, Henri IV ouvrait dans le rempart sud qui bordait le Jardin du Roi une « brèche » pour faciliter l'accès de ce jardin à la population.

Ce geste du Roi ne figure assurément dans aucun acte. Est-ce encore une légende ? En tous cas, l'intention qu'on lui attribue est très vraisemblable, si l'on tient compte du caractère de Henri IV, de ses familiarités envers les habitants, et surtout étant donné que c'était bien à cet endroit même de la brèche ouverte que se trouvait l'entrée principale du Jardin du Roi.

C'est de ce point de légende ou d'histoire locale que la « rue de la Brèche » actuelle a tiré son nom.

Pendant ce temps, la partie haute de la ville, ce qui est aujourd'hui le « Grand Nérac », prenait forme. De vastes terrains s'étaient trouvés nus après la destruction des Edifices destinés au culte catholique par Jeanne d'Albret, en 1560. Les monastères avaient subi le sort des églises ; tel également avait été le cas du couvent des Religieuses de Sainte-Claire, qui fut reconstruit plus tard par Louis XIII ; mais, à l'époque ou Henri IV vivait les dernières années de son règne, cette maison des « Clairistes » avait, en disparaissant, laissé à découvert une assez importante superficie, sur laquelle des particuliers s'étaient empressés d'édifier leurs demeures.

Ce couvent occupait, en effet, avant sa démolition, toute la partie haute de la rue Fontindelle ; l'arceau dont on voit encore l'amorce adhérente à l'immeuble Bruno, à l'angle de la rue Ste Claire et de la rue Gambetta, faisait partie du Monastère. Par suite d'un exhaussement de terrain dû, sans doute, aux circonstances des démolitions de l'époque, cette amorce d'arceau donne l'impression que ce vestige est à demi enterré. L'épaulement de pierre qui est au-dessous de la naissance de la voûte est, en effet, à 1 m. 50 plus bas que le niveau où il devrait être. La même remarque est à faire pour la maison de Madame Bruno :

une partie murée à droite de la porte d'entrée y présente un cintre surbaissé presque au ras du sol.

Au-dessus est une fenêtre surmontée d'un tympan triangulaire. C'était là l'entrée principale de cette maison qui fût bâtie sur l'emplacement même de l'église du Couvent des Clairistes par un sieur Labroue, fils du Labroue qui fut le maître d'hôtel d'Henri Ier d'Albret.

C'était une très vaste construction, conservant encore aujourd'hui aux étages supérieurs ses cinq fenêtres en façade, mais dont une partie du rez-de-chaussée a subi à diverses époques, plusieurs transformations.

Quant à la partie orientale dudit immeuble, Labroue l'avait fait servir à ses dépendances et y avait même installé ses écuries sur l'emplacement où s'était auparavant élevé l'autel de l'église du Couvent. Ce geste, que les gens d'alors considérèrent comme une bravade faite au mépris des traditions religieuses, fit traiter Labroue de mécréant et lui valut une protestation indignée des dames de Sainte Claire. Labroue ayant perdu là une quantité de chevaux de grande valeur, les Clairistes y virent une punition d'En-haut pour avoir profané un lieu qui avait servi au culte, et où se trouvaient ensevelies deux princesses de la Maison d'Albret.

Ladite partie orientale donc, de la maison Labroue occupait l'emplacement où se trouvent aujourd'hui les Magasins de Monsieur Héraut et ceux de Monsieur Lange. Ceux-ci occupent eux-mêmes l'emplacement de ce qui fut trois sols de maisons : l'un où fut établie la boucherie de Monsieur Ader, à l'angle de la rue Ste-Claire, l'autre où s'élevait la demeure avec l'étude d'un honorable avoué de notre ville, et le troisième, en contiguité avec la maison Héraut, où fut longtemps florissant sous le second Empire un café très fréquenté : le Café Trenque.

Et ici se place un événement qui a donné lieu, de la part d'un narrateur, à une assertion absolument erronée.

De très bonne foi, sans doute, mais sans document aucun, un auteur a écrit que la divette Zulma Bouffar, fille d'un ménétrier, à qui l'opérette réserva des succès, était sortie du « Palais des Mariannes ». C'est inexact. Zulma Bouffar est née au Café Trenque, ou, pour mieux dire, fut sur le point d'y naître et y aurait très certainement vu le jour si sa mère y fût restée quelques instants de plus.

Nous disons le jour ; c'est plus à proprement parler la nuit, car cela se passait à onze heures du soir, au moment de la fermeture du Café. Cet Etablissement recevait des artistes et, ce soir-là, il y avait concert. Le père de celle qui allait être la petite Zulma était à la fois directeur de la troupe et violoniste accompagnateur. La soirée touchait à sa fin, et les consommateurs se retiraient lorsque la femme du directeur fut prise des douleurs de l'enfantement. Les derniers habitués du Café, curieusement intéressés par l'évènement, restèrent. La femme fut transportée dans une petite maison où elle logeait avec son mari et cette maison, — qui porta plus tard l'enseigne de « Paul, coiffeur », — est celle qui forme l'angle de la rue du Prince et du Cours Victor Hugo (Petites Allées) ; il s'y trouvait dernièrement l'étude de Me Tinchou, huissier.

C'est là que naquit, dans la nuit, celle qui fût Zulma Bouffar. Enfant de la balle et Néracaise, ses débuts dans la carrière artistique purent éclore sous une bonne étoile : Offenbach, en effet, la remarqua et lui confia une création dans une de ses opérettes. Ce ne fût ensuite, pour la divette, qu'une série de triomphes qui affirmèrent sa célébrité.

Nérac a également vu naître dans ses murs d'autres étoiles de diverses grandeurs qui ont brillé d'un vif éclat dans le ciel artistique. Leur histoire n'intéresse pas ce récit ; nous ne les indiquons simplement que comme des enfants de notre cité, que les Humoristes de 1830 baptisaient de « Petite Athènes » ; mais si nous avons tenu à rappeler la naissance de Zulma Bouffar, c'est pour mettre au point les circonstances dans lesquelles elle vint au monde.

En descendant l'ancienne rue de Condom (rue Gambetta), on trouve encore des façades de maisons affichant l'empreinte des seizième et dix-septième siècles. Sur la façade de l'immeuble portant le n° 90 à l'angle de la rue Pothon de Xaintrailles, on remarquait, il y a quelques années, deux boulets de canon incrustés dans le mur à hauteur du deuxième étage, faisant face à l'ouest.

On n'est pas très fixé sur les circonstances dans lesquelles ces deux projectiles étaient venus s'accrocher ainsi à cette maison. Ils provenaient, en toute certitude, d'une couleuvrine pointée du haut de Bellevue ; mais avaient-ils été tirés par le maréchal Biron en 1580, ou par Mayenne lorsqu'il vint mettre, au nom de Louis XIII, le siège devant Nérac en 1621 ? Les deux opinions sont admises, étant établi que Mayenne avait dressé ses batteries contre le bastion de Marcadieu.

Quoiqu'il en soit, la maison en question, avec ses deux boulets enchâssés dans la façade, restait comme le seul et dernier témoin du bombardement de Nérac.

Au sujet de Mayenne, on sait que malgré sa défense héroïque, la ville dut capituler. Le siège avait été rude, Nérac avait été investi de trois côtés à la fois, et le succès des assaillants n'avait été déterminé que par les renforts venus du fort de l'Aiguillon. Ce fort se trouvait sur l'emplacement où s'élève aujourd'hui la maison de Monsieur Bernède, route d'Agen. Le quartier a longtemps conservé le nom de « l'Aiguillon. »

Malgré que notre ville eût succombé avec les honneurs de la guerre, elle paya cher l'insurrection qui avait motivé les hostilités. Elle vit ses fortifications rasées, et perdit la Chambre de l'Edit, devant perdre plus tard la Chambre des Comptes.

Ce fût là le geste malheureux de Louis XIII. Le roi ne voulut point se souvenir de la faveur avec laquelle les Néracais avaient précédemment accueilli le Dauphin.

Quant à la prise de possession de la ville par les troupes royales après la capitulation, il est difficile d'admettre l'assertion d'un auteur qui prétend que Mayenne fit son entrée dans Nérac par la porte Fontindelle.

Or, Mayenne, qui commandait en chef pendant que quatre de ses lieutenants enveloppaient la ville depuis le Petit Nérac jusqu'à la porte de Condom, dirigeait en personne le tir de l'artillerie placée sur le côteau de Bellevue, et son objectif était la porte Marcadieu. Il est donc plus probable que c'est par Marcadieu qu'il entra dans Nérac à la tête des soldats du Roi.

Mais nous sommes ici en 1621. Henri IV assassiné a eu pour successeur au trône de France son fils le Dauphin, en l'honneur de qui fut érigée la coquette fontaine qui porte encore ce nom dans la Garenne. Et ce Dauphin, devenu Louis XIII, ne fut guère reconnaissant, nous venons de le voir, envers une ville qui avait fêté sa naissance lorsque ce prince vit le jour, le 27 septembre 1601, au Palais de Fontainebleau.

Au sujet de cette fontaine du Dauphin, dont l'eau très pure a des propriétés ferrugineuses, l'inscription que l'on voit à son fronton n'est qu'un fac-simile et une traduction ; l'inscription latine originale était gravée en lettres d'or sur une plaque de marbre. Cette pièce fût enlevée pendant la période révolutionnaire et jetée dans la Baïse. Elle s'y trouve encore, enchâssée entre deux quartiers de roche.

Nous venons de dire qu'après avoir succombé devant les forces de Mayenne, Nérac avait été puni pour avoir pris les armes contre les troupes royales, et avait perdu, de ce chef, la Chambre de l'Edit de Guienne qu'Henri IV avait établie dans notre ville en 1598. Cette Chambre de l'Edit fut transportée à Agen en 1622, mais c'est le 3 Juin 1621 que le duc de Rohan, au nom du roi Louis XIII, chassa de Nérac les conseillers catholiques de ladite Chambre.

Un délai de 24 heures leur fut accordé pour se retirer et remettre la garde du Sceau royal, sous peine d'être retenus comme prisonniers de guerre. Le président catholique fut menacé de prison et frappé de bannissement.

A ce sujet, nous avons en notre possession deux documents à peu près inconnus. Le premier de ces documents est l'entier procès-verbal rédigé par les Conseillers catholiques de la Chambre de Nérac ainsi exclus par la force. Nous nous contentons de le signaler car sa reproduction serait trop longue.

Le second constitue une pièce des plus rares, imprimée en 1622 ; c'est le récit mentionnant comment au cours de cette même année 1622, le Président de la

Chambre de l'Edit, — qui appartenait à la Religion réformée, — fût appréhendé près de La Rochelle et emprisonné.

Ainsi, à un an de distance, la Chambre de Nérac se trouve privée deux fois de son président, le premier, catholique, — le second, protestant.

Nous ne reproduirons pas, non plus, ce document, écrit en vieux français, et qui ferait longueur dans cette Notice.

Nous avons tenu simplement à signaler ces deux pièces fort intéressantes se rapportant à l'histoire de Nérac, et devenues fort rares.

Les années ont marché, et déjà en 1629 la ville de Nérac se voit dotée d'un Présidial, ou Tribunal composé de juges présidiaux. C'était devant le Présidial qu'étaient portés les appels des jugements rendus par la justice seigneuriale.

Le Présidial de Nérac englobait tout le duché d'Albret avec le bas Armagnac. Il était installé dans les locaux précédemment occupés par la Sénéchaussée, devant le Château. Lesdits locaux étaient édifiés sur l'emplacement de l'ancienne Commanderie du Temple dont il a été parlé, et qui se trouvait comprise entre la Maison de Monsieur Mombet, rue Armand-Fallières, où se voit encore l'antique tour de la Commanderie, et la ligne des maisons qui forment le côté levant du Cours Romas.

Une des deux entrées principales du Présidial de 1629 subsiste encore : c'est la porte monumentale qui, par la rue Armand Fallières, donne accès dans la cour de la Mairie de Nérac.

Supprimé en octobre 1790, le Présidial fût remplacé par un Tribunal de district qui dura jusqu'en octobre 1795 (vendémiaire an IV), et qui se trouva installé dans la partie d'immeuble qui formait l'angle du cours Romas et de la petite place qui avoisinait l'entrée du Château ; après la démolition de ce dernier, la place s'est trouvée agrandie et est devenue aujourd'hui la place du Marché au blé.

Lorsque le Tribunal de district eût cessé d'exister, la partie d'immeuble dans laquelle il avait été établi ne fut pas démolie, mais elle fut simplement transformée en prison, avec entrée sur le cours Romas, qui portait alors le nom de Cours du Griffon ; le préau, qui n'était qu'une toute petite cour, se trouvait face à la place que nous venons d'indiquer.

Cette prison fût démolie en 1872, et son terrain mis à l'adjudication pour l'édification de l'immeuble qui s'y trouve actuellement.

Le dix-huitième siècle s'est levé sur un Nérac qui se développait. Les fossés de la première enceinte de la ville sont comblés, des ormeaux y sont plantés, et une voie spacieuse s'y établit qui fut les Petites Allées, puis Allée du Centre, et qui est aujourd'hui le Cours Victor Hugo.

On sait quel tragique événement s'y déroula pendant la période révolutionnaire. Le colonel d'Alespée, dernier descendant de Marianne Alespée, maîtresse d'Henri Ier d'Albret, enlevé de son Château de Caux, près Espiens, par une populace en furie, fut transpercé de coups et pendu à un ormeau de l'Allée. L'arbre aux branches duquel se balança le cadavre de cette malheureuse victime des jours troublés dont Nérac fut le théâtre se trouvait devant la place du Temple. Les officiers municipaux accourus ne purent arracher à temps l'infortuné à la colère du peuple.

On rapporte que, pendant qu'on le transportait ligoté sur une charrette, Monsieur d'Alespée s'écria deux fois : « Sauvez-moi ! Sauvez-moi ! » en passant devant l'Hôtel des Présidents. Cet appel s'adressait aux maîtres du lieu, mais les cris de mort poussés par la foule couvrirent la voix du malheureux colonel et, soit qu'il ne fût pas entendu, soit crainte de la fureur populaire, personne ne sortit.

La victime, à ce moment-là, aurait-elle pu être sauvée ? C'est peu probable. Un des officiers municipaux qui le tenta devant la place du Temple n'y réussit point.

Les circonstances de ce drame n'ont pas été relatées ; l'on en ignore les détails.

M. Faugère-Dubourg dit bien dans la Guirlande des Marguerites que « le lendemain de ce meurtre lâche-« ment barbare, le Corps municipal, revêtu de ses « insignes, parcourut les places de la ville et publia « une énergique proclamation, rappelant le peuple à « son devoir, flétrissant en termes indignés l'atrocité « du crime commis ».

Cela est exact, mais c'est le caractère imposant de cette manifestation du Corps municipal qu'il nous a paru intéressant de faire connaître au lecteur ; ce sont les termes mêmes de cette proclamation qu'il nous a paru bon de reproduire. Un évènement d'une si tragique horreur tient trop de place dans l'histoire d'une ville pour qu'il n'en soit pas fait mention.

Nous allons donc rappeler ces faits quelques pages plus loin, dans les débuts de la troisième Epoque ; aussi bien se placent-ils pendant la période révolutionnaire. Leur cause véritable n'a jamais été définie ; peut-être se dégagera-t-elle, — à la lumière des documents que nous allons publier, — de la psychologie même des foules.

Quant à l'Hôtel « des Présidents » c'est la maison à tourelles qui s'élève sur le Cours Victor Hugo, à droite, (Maison d'Esparbès). Elle fut construite sous Louis XIII, pour Monsieur Levenier, président de la Chambre des Comptes de Pau, détruite plus tard par un incendie, puis rebâtie sur le modèle où elle existe aujourd'hui. Elle tire son nom des Présidents qui l'ont habitée. Un président du Tribunal de Nérac, Monsieur Laffitte, y est mort en 1837.

C'est dans cet Hôtel que s'arrêta Louis XIV se rendant à St-Jean-de-Luz pour y épouser l'Infante d'Espagne, et, cinquante ans plus tard, le maréchal d'Ornano y fit un court séjour lorsqu'il vint faire à Nérac son entrée triomphale comme Gouverneur de la Guyenne.

De cette époque, il existe encore, outre quelques vestiges de maisons particulières sans intérêt, l'ancien couvent des Capucins, bâti en 1620 par les ordres du Cardinal de Richelieu, et l'ancien Collège fondé par Labroue, maître d'Hôtel de Henri IV, puis donné par Louis XIII, en 1635, aux Pères de la Doctrine Chrétienne, qui le transformèrent sur le modèle où nous le voyons aujourd'hui. C'est le vaste Immeuble qui servit longtemps d'Hôtel de la Sous-Préfecture, et où siège aujourd'hui le Tribunal civil.

Quant au couvent des Capucins, dont une partie existante est aujourd'hui annexe de l'Ecole Supérieure des Filles, nous allons voir dans la troisième Epoque quelles ont été ses successives et multiples transformations.

Avant d'aborder, cependant, cette troisième Epoque, et puisque nous venons de parler de Louis XIV traversant Nérac, rappelons comment, sous ce Monarque, l'Albret fut érigé en duché-pairie au profit du duc de Bouillon.

Nous avons déjà vu, à la page 77 qui précède, qu'au

moment de son avènement au trône de France, Henri IV avait confirmé par lettres-patentes les privilèges accordés par ses prédécesseurs aux habitants de Nérac.

Ce geste de libéralité était justifié par ce fait qu'à ce moment-là, tous les biens de la famille d'Albret allaient être réunis à la Couronne et devenir propriétés de l'État. Et ces biens étaient immenses. Déjà l'Albret avait été érigé en duché par lettres-patentes données par Henri II à St-Germain-en-Laye, en décembre 1556. Son étendue était considérable, et mesurait 1700 lieues carrées, allant de la Dordogne à l'Adour, de la Baïse à la mer. En outre, la famille d'Albret possédait le royaume de Navarre, le comté d'Armagnac, la vicomté du Brulhois, etc.

Le Roi de France ne voulut donc pas que les sujets du Roi de Navarre fussent privés des coutumes et immunités dont ils avaient joui, et c'est ainsi qu'Henri IV inaugura son règne par cet acte du cœur qui perpétua sa mémoire.

Telle était la situation du pays sous Louis XIV.

Nous ne voulons nullement entrer dans le domaine de l'Histoire générale de la France ; le but de cette monographie, on le conçoit, est tout autre ; nous cherchons surtout à lier les évènements aux faits touchant plus particulièrement Nérac, ou se rapportant strictement à l'Albret dont notre ville fut la capitale. Cependant, nous ne pouvons passer sous silence le mobile qui inspira Louis XIV en érigeant cet Albret en duché-pairie. Ce mobile fut une raison d'Etat. D'autre part, le nom de la famille de Bouillon, bénéficiaire du geste royal, est inséparable de l'Histoire de Nérac ; par conséquent, les faits que nous rapportons trouvent ici leur place naturelle.

Or donc, trois ans après que les traités de Westphalie eurent couronné les victoires françaises du nord, Louis XIV sentit la nécessité de couvrir les frontières de l'est de la France. Pour cela, deux importants territoires lui étaient indispensables : la seigneurie de Raucourt, et la terre de Sedan. Mais ces domaines appartenaient au puissant duc de Bouillon, Maurice de La Tour d'Auvergne. Il fallait traiter avec lui. Comment ? Une proposition d'acquisition pure et simple risquait de n'aboutir à aucun résultat ; il fallut donc envisager une transaction sérieuse sur la base d'un échange.

Les négociations furent laborieuses. Bref, un accord intervint, et Louis XIV put acquérir la terre de Sedan et la seigneurie de Raucourt dont nous venons de parler. En échange, il cédait au seigneur Maurice de La Tour d'Auvergne, duc de Bouillon, le duché d'Albret avec Nérac, la baronnie de Durance, les Justices haute, moyenne et basse de Nogaro, Barcelonne, Riscle, Aignan et Plaisance.

Voilà dans quelles circonstances Nérac passa aux mains du duc de Bouillon. Cet acte d'échange dans lequel étaient intéressées les destinées de notre ville porte la date du 20 mars 1651. Et, dix ans plus tard, au profit du même duc de Bouillon, en 1661, l'Albret était érigé en duché-pairie.

Mais les rapports entre la famille de Bouillon et les Municipalités de l'Albret n'allèrent pas sans heurts ; de nombreux procès s'en suivirent, au cours du XVIIIe siècle, et, comme le duc habitait Paris, c'est à Paris que les documents concernant ses litiges lui parvenaient. C'est ce qui explique comment ils ont pu survivre à l'orage révolutionnaire dans lequel périrent, à Nérac, bien des textes originaux. Néanmoins, ils n'échappèrent pas au sequestre, et les papiers Bouillon sont aujourd'hui conservés aux Archives Nationales.

C'est dans les Archives Nationales qu'on trouve les documents relatant qu'en 1663 le recteur du Collège de Nérac, — un religieux du nom de Tartanac, — rendit hommage au duc de Bouillon, dans le château même, pour le Collège et le logement des Pères de la Doctrine Chrétienne. A titre de cens, le recteur donna une paire de gants blancs.

Le duc de Bouillon ne reçut pas en personne l'hommage rendu ; il était représenté par son intendant général, M. P. de Morin du Sendat.

Tel fut, sous Louis XIV, l'évènement historique intéressant Nérac. Il méritait d'être relaté.

Arrivons maintenant à la troisième Epoque.

Nous la prenons à la Révolution française.

---

## III

# TROISIÈME ÉPOQUE

Nous voici donc aux Etats généraux du 5 mai 1789. L'Assemblée Nationale du 17 juin, le Serment du Jeu de Paume, le 14 juillet, la nuit du 4 août, la Constitution de l'an III, tout cela passe avec des répercussions plus ou moins grandes en province. Les grands bouleversements sociaux qui accompagnent toujours la substitution d'une Société à l'autre, provoquent fatalement des effervescences jusque dans les moindres campagnes, même les plus éloignées du foyer central où bouillonnent les colères et d'où s'irradient les idées génératrices.

Nérac n'échappa point à cette loi fatale, et en 1791 des troubles y menacèrent la tranquillité publique.

Ces troubles prirent naissance entre soldats appartenant à des formations militaires différentes ; ils s'aggravèrent du fait que la population se divisa en deux camps, prenant parti pour les uns contre les autres. Les autorités locales durent intervenir. Grâce aux sages conseils prodigués, une trêve eut lieu, mais elle fut de peu de durée. Les rivalités éclatèrent de nouveau, et, cette fois, l'Administration municipale, requise par le Procureur de la Commune, dut parler haut.

Nous publions ci-après le texte de cette Réquisition ;

le lecteur verra avec quel souci du maintien de l'ordre les magistrats chargés de la gestion publique s'étaient appliqués une première fois à apaiser le conflit.

C'était le 28 novembre 1791. Le corps municipal, composé de Perribère, maire, et de six officiers municipaux, était réuni à l'Hôtel-de-Ville, à 9 heures du matin.

Darbissan, procureur de la Commune, entra et dit :

« C'est à votre sagesse et à votre énergie que les « troubles qui menaçaient d'embraser notre cité ont « dû leur destruction.

« Continuez, Messieurs, de mériter de plus en plus « la confiance de vos concitoyens, en maintenant avec « cette force de patriotisme qui vous caractérise la « concorde, l'union des citoyens et l'empire de la loi. « Ajoutez aux mesures que vous avez déjà prises et « qui vous font bénir de tous les amis de la paix.

« En conséquence, je requiers qu'il soit donné par « le Corps municipal une Proclamation conforme aux principes,... etc... »

« DARBISSAN, procureur de la Commune. »

Le lendemain, la proclamation requise fut publiée, et dès lors, tout rentra dans l'ordre.

Mais ce ne fut qu'un calme momentané.

Le mois suivant, les troubles recommencèrent. Ils semblèrent caractérisés plus par des questions de personnes que par des questions d'ordre général. Les discussions touchant à l'exercice du culte, les animosités et les jalousies à l'égard d'agents de l'autorité et à l'occasion des prestations de serment provoquèrent des rassemblements et des rixes continuelles. Dans l'intérêt de la paix publique le Procureur de la Commune requit de nouveau une sévère proclamation du Corps municipal, et cette proclamation eut enfin l'effet attendu : la tranquillité revint.

Ce qui frappe dans la forme employée, tant dans les Réquisitions que dans les Proclamations publiées à haute voix devant le peuple assemblé, c'est un style ampoulé qui ne manque pas de lyrisme. Ce qui pourrait se dire d'une manière simple prend des proportions oratoires. Les grands mots ont toujours un effet sur la masse. Il semble que pour mieux maîtriser les emportements du peuple, les magistrats qui avaient la garde de la cité s'attachaient, afin d'atteindre plus sûrement le cœur des gens, à grossir l'horreur des actes commis.

C'est ainsi que dans les avertissements, conseils, reproches ou interdictions adressés aux habitants, on y trouve des expressions telles que : « vos menées sourdes et ténébreuses », — « les tourbes sanglantes du fanatisme », — « la responsabilité des événements sinistres », etc., etc. Si cela résultait, chez les orateurs ou chez ceux qui rédigeaient les textes, d'une tendance de caractère, on peut dire qu'elle venait à son heure, car la façon de dire ou d'écrire s'éclairait toujours d'une lueur d'énergie. Si, au contraire, c'était un calcul, il faut reconnaitre qu'il ne manquait pas de sens pratique, car chaque fois l'effet était immédiat et sûr.

Le calme se rétablit donc dans Nérac après ces troubles de décembre 1791, et la cité vécut sans orages sérieux jusqu'au tragique évènement qui coûta la mort au colonel d'Alespée, dont nous avons précédemment parlé.

Ici, c'est une page teinte de sang qui figure au Livre de notre histoire locale, et qui l'entache d'une manière indélébile. Ce ne fut peut-être pas la ruée préméditée d'une foule en furie allant arracher un homme à sa paisible demeure pour le conduire ligoté au pied d'un arbre aux branches duquel son cadavre allait ensuite se balancer. Pour qui ? Et pourquoi ? Cela ne fut-il pas la résultante d'un choc d'une autre nature ? Quelle fut la force inconnue qui engendra la cause initiale de ce drame populaire ? Aucun des narrateurs qui ont écrit avant nous ne l'a définie ; on s'est contenté de signaler l'évènement. Il y a cependant des documents qui jettent quelque clarté sur le fait, et qui, de déduction en déduction, permettent d'en tirer une conclusion logique.

Nous croyons intéressant de mettre ces documents sous les yeux du lecteur.

Nous sommes donc au matin du 2 août 1792. Un cri formidable part de Paris, se répercute aux quatre coins de la France et remue la Nation jusqu'au plus profond de ses entrailles : « La Patrie est en danger ! »

Le Corps municipal de Nérac se réunit aussitôt à 9 heures du matin, et délibère qu'une proclamation va être adressée à la population pour l'informer que les enrôlements volontaires sont reçus à l'Hôtel-de-Ville.

Voici cette proclamation :

« Citoyens,

« La Patrie en danger appelle à grands cris ses « nombreux enfants qui jurèrent de la défendre.

« Entendez son impérieuse voix et courez en foule, « français patriotes, où l'honneur et le devoir vous ap- « pellent.

« Ce ne sont point des vœux impuissants ni de vains « étalages de civisme qu'elle réclame aujourd'hui, ce « sont vos corps, ce sont vos bras, c'est ce mâle cou- « rage, cette énergie que vous déployates avec tant

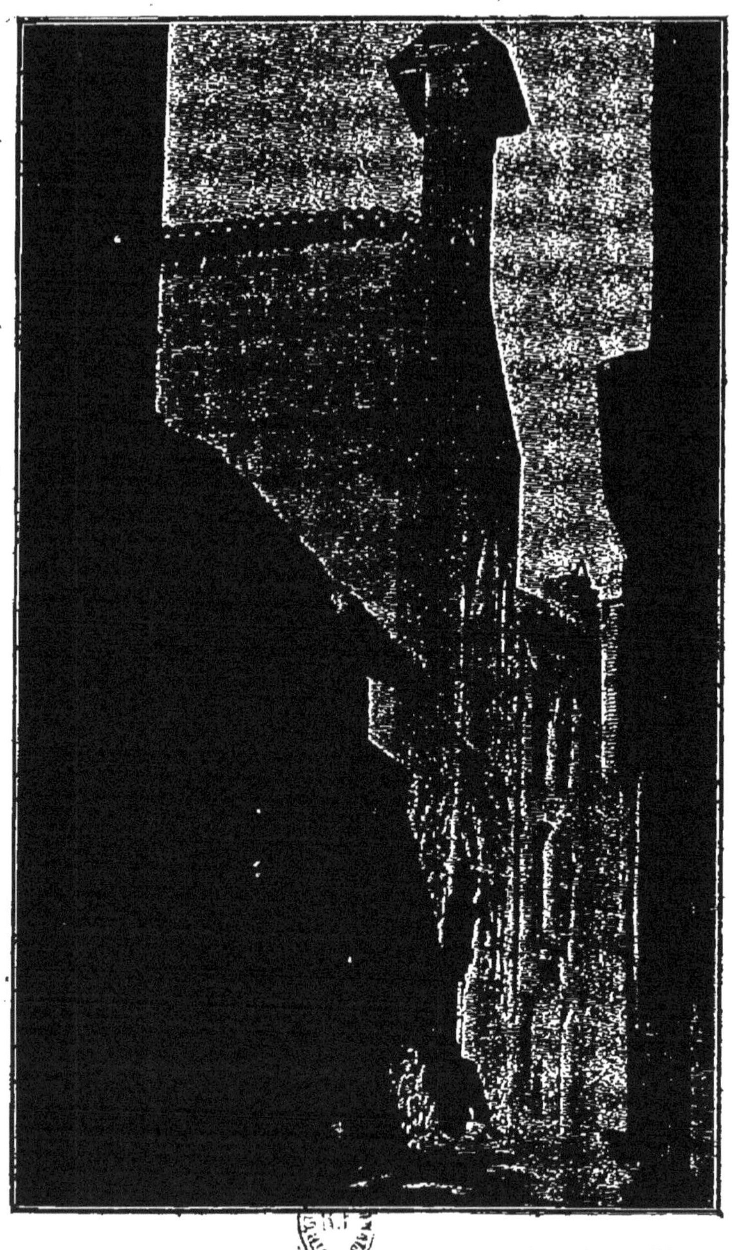

Cliché Gaure, Nérac

ANCIEN HOTEL DE VILLE. (Seizième Siècle)

*(Rue de l'Ecole)*

« de force lorsque vous jurates : la Constitution ou « la mort.

« Volez sous les drapeaux de la Patrie, courez aux « armes et la victoire est à vous.

« Citoyens, le Livre qui doit recevoir les noms glo-« rieux des défenseurs de la Patrie est ouvert. Accou-« rez-y déposer les vôtres. Imitez vos frères de la Gi-« ronde, et la Patrie est sauvée. »

« Délibéré à Nérac le 2 du mois d'août 1792.

« Perribère, maire ». Suivent les signatures des autres membres composant le Corps municipal.

On remarquera le style enflammé, soulevant l'enthousiasme patriotique et exaltant l'esprit de sacrifice.

Les enrôlements furent-ils nombreux ? Sans doute. — « Courez aux armes ! » disait la proclamation, et la foule, transportée, courut vers les dépôts d'armes et de munitions.

Or, ce fut dans la matinée du même jour que la foule se rendit à Caux, propriété de M. d'Alespée, sur le territoire de la commune d'Espiens.

Et ici je laisse la parole à M. Faugère Dubourg, qui dit, dans la *Guirlande des Marguerites :*

« M. d'Alespée, qui figure en 1789 comme colonel de « la Garde Nationale d'Espiens, fut enlevé de son « Château de Caux par une bande de furieux, *venus « sous le prétexte* de lui demander *ses* armes. Un « conflit s'en suivit, et M. d'Alespée, jeté dans un « tombereau, fut amené garrotté à Nérac. »

Les mots « venus sous le prétexte » et le mot « ses » ne sont pas soulignés dans la *Guirlande.* Je les souligne intentionnellement parce que là, à mon sens, est peut-être la clef de la cruelle énigme qui planera toujours sur ce douloureux meurtre.

Etait-ce sous un vain prétexte que la foule se rendit à Caux, et pour feindre de demander à M. d'Alespée non ses armes propres, mais les armes dont il pouvait disposer en raison des fonctions militaires qu'il exerçait et du commandement dont il était investi ?

Pour admettre une semblable hypothèse, il faudrait supposer que la foule nourrissait contre l'infortuné colonel des sentiments de haine ou des désirs de vengeance. Or, d'une part, on ne trouve trace d'aucun acte, d'aucun fait, d'aucun écrit qui puisse justifier une telle assertion ; et, d'autre part, s'il en était ainsi, comment la foule aurait-elle tant attendu, alors que depuis 1789 les évènements avaient déjà provoqué des excès ?

Faut-il mettre le drame sur le compte d'une aveugle antipathie que le peuple aurait nourri contre les officiers ou contre toute personne détenant une parcelle de l'autorité militaire ?

Là, encore, la thèse est improbable, l'évènement dramatique se déroulant à l'heure même où les masses s'enrôlaient pour aller former des bataillons et se mettre sous le commandement d'officiers, afin de voler au secours des frontières menacées.

Quel fut donc le mobile qui poussa la population vers cet acte sanguinaire par lequel elle se couvrit de honte ?

Il est hors de doute qu'en raison des circonstances, en raison de la fièvre du moment, à l'heure même où la Patrie en danger appelait le peuple aux armes, il est hors de doute, disons-nous, que la foule n'était guidée que par un même sentiment : s'armer en masse pour courir aux frontières et barrer la route aux ennemis.

On ne saurait s'expliquer autrement la ruée vers le château de Caux où résidait le chef de la Garde Nationale, et où l'on espérait peut-être trouver des armes et des munitions.

Là, que se passa-t-il ? Comment prit naissance entre les manifestants et M. d'Alespée le conflit qui devait se terminer par une mort tragique ? Nul ne le sait, et nul ne le saura jamais. Aucun historien n'en a relaté les circonstances. Aucune monographie locale n'en fait mention. A l'exception de M. Faugère-Dubourg, qui rapporte purement et simplement le fait en six lignes, aucune plume n'a laissé trace du sombre drame.

Le colonel de la Garde Nationale d'Espiens connaissait-il la proclamation du Corps municipal de Nérac lorsque la « bande furieuse » se présenta chez lui ? Probablement non ; les évènements se précipitaient avec trop de rapidité. Bande de « furieux », dit l'auteur que je viens de citer : furieux contre qui ? furieux contre quoi ? N'était-ce pas l'exaltation spontanée, irréfléchie, génératrice de toutes les explosions humaines, due à l'emballement patriotique d'une masse remuée jusque dans ses fibres ? Peut-être oui, peut-être non ; personne n'éclaircira jamais ce mystère.

Les manifestants se heurtèrent-ils, chez M. d'Alespée, à un obstacle, à un refus, à un non possumus quelconque, et de là s'en suivit-il une discussion, des paroles violentes, des menaces, une rixe peut-être dont le dernier mot devait rester du côté du nombre ? Là encore l'énigme subsiste. Que fallait-il pour faire jaillir l'étincelle qui devait mettre le feu aux pires résolutions ? Un rien, un geste, un mot échappé d'une bouche inconsciente, et cela suffisait pour que la vie d'un homme fût en jeu. Les exemples sont nombreux de pareils instants critiques dans lesquels des êtres les plus calmes, pris en leur individualité, deviennent, — lorsqu'ils sont réunis en foule, — les instruments d'un débordement collectif, sur le simple cri d'un énergumène. Et c'est alors le *turbat ruit* que rien n'arrête, que les psychologues constatent, mais qu'aucun d'eux ne peut définir.

Je ne chercherai donc pas à déchirer le voile qui couvre et couvrira toujours la tragédie de Caux, les préparatifs de la mort de M. d'Alespée et la fin si triste du malheureux, pendu à la branche maîtresse d'un des ormeaux des Petites Allées, qui portaient le nom d'Allées des quatre « Saigneurs ».

Au surplus, je l'ai déjà dit, aucun indice matériel n'en subsiste. Il ne reste de l'évènement que deux documents officiels qui figurent aux archives de Nérac. Ces documents sont : la Réquisition du Procureur de la commune pour qu'une Proclamation fût faite au peuple par le corps municipal, et la Proclamation qui suivit.

L'un et l'autre de ces deux documents s'inspirent des plus purs sentiments d'humanité pour flétrir l'acte criminel qui venait de s'accomplir, mais ils n'en relatent ni les péripéties ni la cause initiale.

Le lecteur nous saura gré de les reproduire intégralement. Les termes qui y sont employés, par la magique ampleur qu'on a voulu leur donner, atteignent, ainsi qu'on va le voir, au plus haut degré de l'indignation, et témoignent de l'ardent désir d'exercer sur le peuple une salutaire influence dans une atmosphère d'apaisement.

Voici la Réquisition qui fut faite verbalement aux Autorités locales, le lendemain même du jour où le drame s'accomplit, le 3 août 1792, à 8 h. du matin.

A cette heure précise, le Corps municipal se trouvait réuni dans la Salle de l'Hôtel-de-Ville. Etaient présents : Perribère, maire, Armaignac, Labrunie, Delpech, Dubourg, Col, Bère, Cazeneuve et Sauvage, officiers municipaux.

Disons, en passant, que l'officier municipal Sauvage que nous citons était le même qui, la veille, avait essayé, avec l'aide des autorités, d'arracher M. d'Alespée aux colères de la foule, mais n'avait pu y parvenir.

Darbissan, procureur de la Commune, entra et dit :

« Messieurs,

« Nos efforts réunis pour sauver un de nos frères « de la fureur populaire ont été vains ; son sang a « coulé au milieu de nous ; nos écharpes et nos habits « en sont souillés. Et cependant, même en exposant « nos vies, nous n'avons pu l'arracher des mains des « meurtriers.

« Magistrats, couvrez-vous de deuil et livrez vos « âmes à la douleur. La loi violée dans ses bases les « plus sacrées, votre autorité méconnue, tout doit « porter dans vos âmes le désespoir et l'effroi.

« Ce n'est point assez d'avoir constaté par un pro-« cès-verbal sur le registre du Directoire du district, « et réunis avec tous les membres qui le composent, « la triste scène qui s'est passée dans nos murs ; ce « n'est point assez de l'avoir adressée au Directoire « du Département de Lot-et-Garonne ; il faut encore « rappeler le peuple à son devoir et lui faire con-« naître toute l'énormité du crime qu'il a commis. « Il faut empêcher, Messieurs, qu'un pareil évènement « se renouvelle jamais dans nos murs

« Je requiers qu'il soit donné une proclamation « tendant à rappeler le peuple à son devoir et à la « loi, et qui lui fasse connaître toute l'atrocité du « crime horrible qui s'est commis le deux du courant.

« DARBISSAN, procureur de la Commune. »

Séance tenante, les Membres présents délibérèrent à l'unanimité qu'il serait fait droit à cette réquisition.

Et, le même jour, les dits Membres, composant au complet le Corps municipal, revêtus de leurs écharpes, accompagnés d'un détachement de la Garde Nationale et de la Gendarmerie, parcoururent les rues et places de Nérac. La proclamation suivante fut lue au peuple :

« Citoyens,

« Un crime affreux, un crime abominable vient « d'être commis au sein de notre cité. Le sang a coulé, « et ce sang n'avait pas été frappé de réprobation par « la loi ; un pareil attentat remplit d'horreur toute « âme sensible, nous couvre à jamais de honte, et « nous perdons en un jour la gloire que nous avions « acquise en maintenant, depuis la Révolution, au « milieu de nous la paix et la tranquillité publique.

« Eh quoi ! ces citoyens qui se parent avec tant « d'orgueil du titre glorieux d'amis de la Constitu- « tion, de défenseurs de la Patrie et de la Loi, ou- « bliant tout-à-coup des titres aussi respectables, se « transforment en monstres féroces, et plongent dans « le sang leurs mains criminelles. Etes-vous donc des « cannibales altérés de ce sang, et vous faut-il des « cadavres pour repaître votre barbarie !

« Quelle horreur ! Un instant, un seul instant a suffi « pour vous enlever votre honneur. Vous avez violé « la loi, vous avez méconnu vos magistrats, vous avez « versé le sang d'un de vos frères, et vous les en avez « couverts.

« Citoyens, quel moyens allez-vous employer, quelle « conduite allez-vous tenir pour réparer tant de cri- « mes ! Ah ! sans doute, vos âmes livrées au remords « vont gémir accablées sous le poids de la douleur la

« plus affreuse, mais cette douleur, mais ce déchire-
« ment ne rappellera pas le mort à la vie, et n'effa-
« cera point ni votre crime ni votre honte.

« Citoyens, ouvrez les yeux, sortez de l'égarement « sanguinaire où la douleur vous a plongés ; abju- « rez-le pour jamais, et ralliez-vous sous l'étendard « sacré de la Loi ; car, ne vous y trompez pas, ce « n'est qu'en vous humiliant devant elle que vous « pourrez espérer faire oublier l'horrible attentat qui « s'est commis. Ah ! citoyens, aujourd'hui que vous « l'avez méconnue, aujourd'hui que vous avez mé- « connu l'autorité sacrée de vos magistrats, que de- « vons-nous faire ? Plongés dans le découragement et « la douleur, nous ne pouvons que gémir. Cependant, « nous reprendrions en vous quelque confiance, si « votre repentir pouvait détruire votre rage. Vos ma- « gistrats ont rempli leurs devoirs ; ils ont tout fait « pour le triomphe de la loi, tout jusqu'à exposer « leurs vies, et leurs efforts ont été vains. Citoyens, « vous êtes tous coupables.

« Nous venons vous rappeler à vos devoirs, nous « venons vous rappeler à la loi, nous venons vous « rappeler à la justice. Nos voix seront-elles encore « impuissantes, et nos efforts seront-ils vains ? Non, « citoyens, non sans doute, et la douleur qui couvre « vos fronts nous est le seul garant que jamais notre « cité ne sera témoin ni ne verra récidiver le crime « horrible qui se commit hier dans nos murs. »

On voit avec quels accents émus, dans quels termes indignés, avec quelle force d'âme et d'expression, le corps municipal parla au peuple. Il y mit l'apparât qui impressionne les esprits, la manière digne qui impose le respect.

Un passage qui retient l'attention, c'est lorsque la Proclamation dit, au début, que le sang qui a coulé

« n'avait pas été frappé de réprobation par la loi. » Ces paroles ajoutent encore au grand point d'interrogation qui plane sur le mobile du drame, car on y voit que rien ne désignait la malheureuse victime aux colères de la foule.

Tel fut le douloureux évènement qui marqua la période révolutionnaire à Nérac ; tel fut l'écho qui en retentit dans le cœur des Autorités locales.

Et maintenant, tirons le rideau sur cette journée tragique qui couvre d'un voile noir une page de notre histoire locale.

Effet troublant de ces soubresauts qui enfièvrent une Nation ! La seule personne qui tomba victime des emportements populaires, à l'heure où la Patrie en danger appelait les enthousiasmes à son secours, fut précisément un de ces hommes investi de cette autorité qui devait entraîner ces mêmes enthousiasmes à la défense du Pays ; — la seule personne dans le sang de qui le peuple de Nérac trempa ses mains fut précisément le dernier survivant d'une lignée issue des amours d'un des rois de Navarre que ce même peuple avait aimé !

M. d'Alespée, en effet, était l'unique descendant de Marianne Alespée qui, avec ses deux sœurs, avait trôné dans ce « Palais des Mariannes » construit pour elle au centre du Jardin du Roi, — de cette Marianne Alespée dont la beauté superbe avait troublé l'âme et le cœur d'Henri Ier d'Albret.

La proclamation lue au peuple produisit son effet.

Dès ce moment, on ne signala point d'autres troubles sérieux dans la ville ; dès ce moment, également, les ordonnances de police se firent sévères ; les réquisitions n'étaient plus suivies de proclamations mais de règlements dont l'inobservation entrainait des sanctions ; assurément ces sanctions étaient légères, mais les contrevenants ne se faisaient point illusion sur le danger des récidives.

Qui y gagna ? L'habitant paisible qui avait besoin qu'autour de lui la tranquillité régnât. Qui y perdit ? Le noctambule qui, en état d'ébriété ou non, aimait de chanter son couplet à la lune. Qui y perdit également ? Toute une catégorie de professionnels débitants, « cabaretiers, aubergistes, billardiers, maisons de jeux et de plaisir, » dont les établissements devaient être fermés à neuf heures du soir, sous peine d'amende. Et gare au « pochard » que la patrouille rencontrait : il allait prendre un billet de logement à la Geôle municipale, — gare au tapageur nocturne qui sifflait ou chantait un couplet interdit : il allait s'expliquer au poste de police ; — gare au tenancier dont la porte laissait filtrer un jet de lumière, ou derrière les volets de qui l'on entendait des conservations animées et des chocs de verre : il encourait des pénalités.

La rigueur des règlements, néanmoins, n'excluait pas, dans leur exécution, certaines tournures qui dénotaient quelques facéties dans la rédaction des actes publics ; et ces tournures d'esprit, ou de gaîté, contrastant avec le souffle enflammé des proclamations, laissaient supposer chez certains scribes un caractère galant ou enclin à la plaisanterie. C'est principalement dans les signalements qui accompagnaient les certificats de résidence que l'on en trouve de fréquents exemples, — car, à cette époque nul ne pouvait fixer sa résidence à Nérac sans en avoir au préalable fait la déclaration ; le signalement de l'intéressé, en pareil cas, montrait que le secrétaire chargé de l'établir ne s'embarrassait pas dans les vagues formules généralement employées.

Témoin le signalement d'une Religieuse de Ste-Claire qui dut quitter les Ordres pour raison de santé, et qui, désirant se fixer à Nérac, s'empressa d'en faire la déclaration à l'Hôtel-de-Ville. Le certificat qui lui fut délivré portait :

« Citoyenne Suzanne Rivens, cy-devant religieuse au « cy-devant Couvent de Ste-Claire, sortie dudit Cou- « vent le 2 octobre, pour cause de santé ; déclare « fixer sa résidence à Nérac : taille, 4 pieds 10 pou- « ces, cheveux et sourcils noirs, yeux noirs, nez bien « fait, bouche jolie, menton rond, visage ovale, front « petit. »

Peu à peu, cependant, la ville reprenait son calme, et l'autorité locale poursuivait ses fonctions administratives.

Ses préoccupations se portaient constamment sur la Garenne dont elle réclamait la concession gratuite au profit de la Commune. Les vœux et les suppliques n'aboutissaient pas, et cela dura jusqu'au 10 février 1810. Dans la séance de ce même jour, le conseil décida d'adresser une requête dernière à l'Empereur et roi, à l'effet d'obtenir la concession demandée ; et, dans le cas où la concession ne serait pas accordée gratuitement, le Conseil offrit d'en payer la valeur estimée contradictoirement par des experts choisis respectivement par l'Administration des Domaines et par la Commune de Nérac.

Cette valeur serait déterminée par des centimes additionnels au principal des contributions foncière et mobilière, lesquels centimes seraient répartis sur les rôles de chaque année.

En attendant la décision espérée, le Conseil continua de se charger de l'entretien de la Garenne, dans son entier parcours, jusqu'au moulin de Nazareth.

Et, à ce propos, sait-on que le village de Nazareth fut commune et eut son Hôtel de Ville ? Mais c'était là une commune enclavée dans celle de Nérac, et c'était au Maire de Nérac qu'en était dévolue l'administration. Sa population, alors, comprenait seulement 310 habitants. Cette situation paraissant anormale, une première proposition fut faite au Conseil Municipal, en juin 1816, tendant à ce que la commune de Nazareth fût réunie à celle de Nérac.

Auparavant quelles querelles administratives ne s'étaient-elles pas élevées entre ces deux communes ! Elles portaient principalement sur des questions de délimitation de territoire ; à ces questions vinrent s'en ajouter d'autres touchant la fixation du contingent des Contributions qui devaient être à la charge de chaque commune. C'est que la Commune de Nazareth, désireuse de jouir le plus promptement possible des avantages que la loi du 14 décembre 1789 assurait à toutes les Municipalités, voulait séparer son rôle des contributions de celui de la commune de Nérac, auquel de tout temps son territoire et son rôle avaient été annexés.

La commune de Nazareth fut enfin autorisée, mais les opérations préliminaires étaient fort longues, pleines de difficultés et la délimitation autant que la séparation ne pouvaient être faites avant la levée des contributions de l'an V.

On voit que ces querelles duraient depuis longtemps !

Ce fut dans la séance du 7 frimaire an V que l'Administration de la commune de Nérac, réunie au nombre de cinq membres, sous la présidence de M. Lespiault, et après avoir entendu le Commissaire du Directoire exécutif décida de nommer deux commissaires, à l'effet de s'aboucher et de s'entendre avec deux commissaires que, de son côté, la commune de Nazareth désignerait.

La transaction fut acceptée. La Commune de Nazareth délégua MM. Gauté fils et Lassalle Dalibert. La Commune de Nérac délégua MM. Perribère et Védrines fils.

Les choses traînèrent, et enfin, dans la séance du 10 novembre 1833, sur la proposition de M. Descudé, adjoint, un vœu fut adopté tendant à la vente de l'Hôtel-de-Ville de Nazareth et à la réunion de cette commune à celle de Nérac.

Le cas fut identique pour la réunion de la commune de Puy-Fort-Eguille à la commune de Nérac.

Pendant la période qui va s'écouler jusqu'en 1815, époque où l'assiette de la ville va subir quelques transformations, divers faits de la vie locale méritent de retenir l'attention.

C'est, d'abord, l'application de la loi du 10 Brumaire an V qui provoqua quelque agitation dans Nérac. Cette loi, dans son article 7, prohibait l'importation et la vente des marchandises anglaises. Mais comment s'assurer si la loi était observée, autrement que par la visite domiciliaire ?

Des ordres sévères vinrent d'en haut lieu. Le Corps municipal de Nérac nomma une commission de quatre membres, laquelle désigna un délégué chargé de visiter tous les magasins, afin de s'assurer si tous les citoyens qui exerçaient un commerce avaient fait la déclaration prescrite par la loi.

Le délégué ainsi qualifié accomplit en conscience sa délicate mission, accompagné du citoyen Quatreils, commissaire du Directoire exécutif.

Le rapport qui clôtura ces opérations ne releva aucune contravention, et le Corps municipal l'approuva dans toute sa teneur.

Cela eut lieu dans la séance du 15 frimaire an V.

Il est à remarquer qu'à cette époque les séances du Corps municipal de Nérac étaient publiques.

Un des points de la ville qui ont le plus donné lieu à des discussions au sein de l'Assemblée communale est la place Normandie, à proximité de laquelle se trouvait jadis le « portal » de Marcadieu. Là, le quartier manquant d'eau, un Conseiller municipal demanda le creusement d'un puits. La proposition ne fût pas adoptée. *Quantum mutatus !* dirait le latin. Aujourd'hui, l'eau de Guillery coulant à flots, et installée sous l'administration de M. Baudy, atteste des progrès modernes et de la sollicitude d'une Municipalité prévoyante.

Nous ne savons quelle dépense aurait nécessité l'adoption de la demande faite en vue d'approvisionner d'eau un quartier qui en était dépourvu, mais il faut reconnaître que la proposition répondait à un besoin.

Nous verrons plus loin, en parlant de l'incendie du Manège, comment précisément le manque d'eau ne permit pas de sauver la moindre partie de cet Etablissement, qui avait formé une des plus importantes dépendances du Château.

Mais avant que la place de Normandie ne fût visée pour se voir dotée d'un puits, de quelles appellations diverses ne s'était-elle pas animée ! On voit constamment, dans toutes les villes, des rues et des places changer de nom, soit pour perpétuer un évènement, soit pour honorer la mémoire d'une célébrité historique ou d'une personnalité locale marquante ; mais l'exemple est rare d'une place telle que la place de Normandie qui, changeant quatre fois de nom, revient par deux fois à ses appellations primitives. Ne pouvant changer d'assiette par sa forme, elle changeait simplement d'étiquette selon les évènements du jour.

L'intention qui dictait ces variations de baptême était assurément louable, mais le fait est assez curieux.

A l'époque où les remparts de Nérac furent reculés jusqu'à la ligne actuelle des Allées d'Albret, la ligne des fortifications suivait le côté levant de ces Allées, et là était le « portal » de Marcadieu. Ce nom lui est resté jusqu'à la Révolution. En expliquer la signification exacte ne serait peut-être pas chose aisée, divers auteurs lui donnant différentes origines. Si nous rapprochons ce nom de quelques variantes usitées dans de nombreuses villes du Sud-Ouest et des Pyrénées, et surtout si nous l'appliquons à la racine romane, nous pensons tout simplement qu'il dérive du mot « marché ». Il servait donc à désigner l'endroit où se tenait le marché.

Or, aux troubles de la première période révolutionnaire succédèrent des réjouissances publiques ; et c'est ainsi que dans la séance du 16 ventôse an VI, l'Administration municipale décida qu'il serait porté à la connaissance de la population que la fête du 30 ventôse serait la fête de la Souveraineté du Peuple, et par conséquent fête nationale, en exécution d'un arrêté du Directoire exécutif.

Un programme officiel fut arrêté. Il y était dit que pour exalter l'amour de la Patrie et dans le désir de maintenir la Constitution de l'an III, un cortège officiel se formerait comprenant toutes les autorités civiles et militaires, fonctionnaires de tout ordre, garde nationale, instituteurs publics ou privés, gendarmerie, et partirait de la maison commune. Ce programme portait : « Le cortège se rendra sur la place « de *Normandie* qui sera désormais nommée *Place Na-* « *tionale.* »

Comme on le voit, « Marcadieu » était déjà devenu,

depuis la Révolution, « Normandie », et la place, pour commémorer un évènement, devenait « Nationale ».

Nous ne décrirons pas la fête, — tant officielle que populaire, — qui fut très brillante. Elle comportait cependant certains détails curieux. C'est ainsi qu'il était dit au programme que la Ville n'ayant pas de musique il était fait appel aux amateurs, et que le peuple pourrait chanter. Toutes les boutiques et tous les ateliers devaient être fermés. Le soir, des illuminations embrasèrent la ville, et les danses se prolongèrent fort tard.

La place de Normandie conserva-t-elle longtemps sa nouvelle appellation de « place nationale » ? Non, car il était dans le sort de ce quartier de Nérac d'être débaptisé à chaque grand évènement du Pays.

Le 1er mai 1811, l'Administration municipale de Nérac se réunit, sous la présidence de M. Gaudé, maire, et décida que le 2 juin étant fête nationale à l'occasion de la naissance du Roi de Rome, un cortège officiel se formerait, partirait de la Maison commune et se rendrait sur la place de Normandie qui serait appelée « Place du Roi de Rome ».

On remarquera que la place n'était déjà plus « place Nationale » et qu'elle avait repris le nom de Normandie. La voilà donc désormais « Place du Roi de Rome ». Mais il ne suffisait pas pour l'Administration locale de le décider sur le papier ; il fallait donner à cette consécration l'apparât d'une belle manifestation extérieure. A cet effet, il fut décidé et porté à la connaissance de la population que pour cette nouvelle dénomination, l'inauguration de la place serait faite par un feu de joie qui « sera, disait le pro-
« gramme, disposé à l'extrémité de la place, et allu-

« mé par les chefs des diverses autorités. » Le soir, comme toujours, la ville s'illumina de mille feux, et le peuple se livra au plaisir de la danse.

Nous ne suivrons pas la place du Roi de Rome dans ses successives appellations. Mentionnons simplement qu'elle redevint place « du Marcadieu » sous Louis XVIII pour reprendre finalement le nom de « Normandie » sous Charles X et sous Louis-Philippe, nom qu'elle porte de nos jours.

Parmi les transformations de quartiers qui se placent dans le commencement de la troisième Epoque, signalons la disparition du passage couvert de la « Côte du Cujon ». C'est ainsi qu'était désignée la voie très déclive qui porta plus tard le nom de « Rue Cujon » et qui, formant le prolongement des Petites Allées jusqu'à la Baïse, est aujourd'hui cours Victor Hugo.

Ce passage, long de 21 mètres et large de 1 $^{m}$ 10 seulement, donna lieu à de nombreuses réclamations de la part des habitants du quartier. Il était considéré comme nuisible à la santé par son obscurité, et comme également nuisible à la salubrité publique par les ordures que l'on y déposait. Peu de personnes pourraient soupçonner l'emplacement où il se trouvait. Il reliait la « côte du Cujon », longtemps appelée par le public « le Pavé », à la rue des Capucins. Très bas de voûte, il faisait partie de la quatrième maison située à gauche en allant vers la rivière. C'est une maison avec perron et grille, qui fait immédiatement suite à la maison de la famille Larroze. On remarquera qu'après le perron, quelques marches descendantes accèdent à une porte en contrebas. C'était l'entrée du passage couvert ; il bornait trois riverains, les sieurs Galand, menuisier, Castaing frères et

Bruslé ; des maisons qui en formaient les côtés il n'existait qu'une ouverture.

Le terrain de ce passage ne pouvait assurément convenir qu'aux trois aboutissants qui en possédaient le dessus. Ceux-ci consultés ne s'opposèrent pas à sa suppression, laquelle n'était nullement nuisible aux communications vicinales puisque son service pouvait être suppléé par la petite rue parallèle qui se trouve à douze mètres plus bas : c'est la rue Quatreils, à l'angle de laquelle est la maison avec cour d'entrée qui fut, vers le milieu du siècle, la Pension Piraube.

Un moment, l'Administration municipale discuta sur le point de savoir quelle contribution on allait demander aux trois aboutissants à qui l'on allait céder le terrain du passage. Finalement, on s'arrêta à une simple cession, à charge uniquement par les sieurs Galand et Castaing frères d'entretenir le mur en parapet au devant de leur maison, et à charge par le sieur Bruslé de fermer par une porte et une serrure la partie nord du passage supprimé, en bordure de la rue des Capucins qui, perpendiculaire à la rue de Bordeaux, aboutit au Quai Luzignan, dont nous parlerons plus loin.

Cette cession acceptée par les intéressés, fut votée dans la séance du 1er mai 1810.

Ce fut un acte d'assainissement ; mais pendant que l'Administration sacrifiait ainsi aux préoccupations de l'hygiène publique, elle ne négligeait point pour cela tout ce qui avait un but humanitaire. Nous n'en avons pour preuves que les mariages de récompense, et les dotations de rosières. Car, il ne faut pas oublier que Nérac eut en 1810 et en 1811 son institution de rosière. Nous allons en parler.

Mais auparavant, qu'était-ce que le « mariage de récompense » ?

C'était le choix fait par l'Assemblée municipale de deux militaires ayant des états de services, pour être unis à deux jeunes filles de la commune, également choisies pour leurs vertus domestiques, et auxquelles étaient accordée une dot de 600 francs.

Cette pensée généreuse, mise en pratique en 1810, était née d'un évènement qui s'était produit l'année précédente et qu'il nous parait intéressant de relater.

En effet, le 10 novembre 1809, l'Assemblée Communale se réunit relativement à la dotation et au choix d'une jeune fille qui serait unie à un homme ayant fait la guerre, et dont le mariage serait célébré le 2 décembre, jour anniversaire du couronnement.

C'était une mesure générale qui devait être appliquée le même jour dans toutes les communes de France ayant plus de 10.000 francs de revenus. Or, l'état brut de la commune de Nérac s'élevait à plus de 10.000 francs, mais il ressortait des comptes administratifs que les revenus étaient à peine suffisants pour faire face aux charges et dépenses annuelles. La Commune, mise en face d'une obligation, devait néanmoins s'exécuter. Elle le fit, mais dans la mesure de ses ressources budgétaires du moment. C'est ainsi qu'il fut décidé que la somme affectée à la dotation pour le mariage serait de 200 francs. Dans cette somme devaient se trouver également les frais de la fête.

Cela fut porté à la connaissance de la population par M. Gaudé, maire, assisté de M. Pegrimard aîné. Il ne se présenta aucune fille qui fût à même de s'établir avec un militaire retiré. Le Conseil admit alors au concours trois jeunes filles, Marguerite Pouget, Marthe Bacqué et Marie Landié qui étaient déjà fiancées et devaient se marier avec des jeunes gens ayant accompli leur service militaire.

Ce n'était pas là, — exactement pris à la lettre, — l'ordre venu d'en haut lieu, mais à défaut d'une manière on prenait l'autre ; la Commune montrait sa bonne volonté de se conformer aux instructions reçues, et la décision du Conseil fut admise.

A ce concours, les suffrages se portèrent sur Marthe Bacqué qui reçut la dotation, à charge par elle de célébrer la fête de son mariage à la date indiquée du 2 décembre.

Le succès populaire qui en résulta mit en goût à la fois l'Administration municipale et le public, et c'est ainsi que le 9 avril 1810 eurent lieu les mariages de récompense.

Ici, nous touchons évidemment à des questions autres que l'organisation territoriale de la ville, ou la transformation de ses quartiers, mais c'est un peu de la vie intime de Nérac qui découle de ces faits ; la gestion des affaires publiques n'avait pas que des affaires de voirie ou des comptes financiers ; les autorités locales qui en étaient chargées pouvaient exercer leur initiative dans tous les domaines de l'utile et de l'agréable. Et, à mesure que le temps marchait, à mesure que les évènements se rapprochent de nous il parait intéressant de les rappeler dans leur détail avec des noms qui ne diront peut-être pas grand chose à nombre de lecteurs, mais qui pourront éveiller chez d'autres le souvenir de quelques ascendances.

Donc, le 9 avril 1910, comme nous l'indiquons plus haut, le Conseil se réunit pour procéder au choix de deux militaires qui seraient mariés avec des filles auxquelles il serait accordé une dot de 600 francs. Il fallait que les militaires choisis fussent des victimes de guerre, qu'ils eussent des états de service sérieux, et qu'ils fussent retirés pour blessures ou infirmités.

Le choix se porta sur Fraichine Léon, 35 ans, 43 campagnes, blessures, et sur Peyronin Jean-Baptiste, chasseur au 2e Régiment d'Infanterie légère, 27 ans, 6 campagnes, blessures et infirmités.

Fraichine épousa Marie Besse, et Peyronin épousa Elisabeth Dubéros.

Du mariage de récompense à la rosière, il n'y avait qu'un pas à faire. L'autorité locale l'eut vite franchi, et c'est ainsi que dans le courant de la même année, le 11 novembre, le Conseil fut réuni sur la Convocation du Maire, à l'effet de procéder au choix d'une rosière. La jeune fille qui serait choisie devait être de bonnes mœurs et de conduite sans reproche ; elle devait être mariée avec un militaire retiré ; une dot de 600 francs devait lui être accordée, fixée par le budget, et la cérémonie de son mariage devait avoir lieu le jour anniversaire du couronnement.

Le Maire invita donc par proclamation toutes les personnes qui pourraient prétendre aux avantages d'une semblable union à se présenter devant le Conseil municipal pour faire valoir leurs droits.

Les concurrents et les concurrentes furent-ils nombreux ? Sans doute ; les jeunes gens durent faire valoir leurs états de service et leurs qualités civiques ; les jeunes filles durent faire valoir leurs vertus domestiques et autres, car c'est après mûre délibération que le Conseil municipal fixa son choix.

Le jeune homme désigné fut le sieur Jean Lapujolade, 25 ans, quatre ans de service militaire au 2e Régiment d'Infanterie légère, réformé pour blessure au genou.

La rosière fut une demoiselle Ursule Sentou. Le mariage donna lieu à une très jolie fête populaire qui eut sa part de caractère officiel, les autorités locales l'ayant honorée de leur présence.

Telles furent la création et la première fête d'une rosière à Nérac.

Le Conseil municipal n'en resta pas là. L'année suivante vit le même cérémonial. Ce fut le 17 novembre 1811 que le Conseil Municipal se réunit à cet effet ; les conditions imposées aux candidats et aux candidates restaient les mêmes. La rosière choisie fut une demoiselle Suzanne Louise Haugmard qui fut unie en mariage à un sieur Catalan, bouchonnier, militaire retiré pour cause de blessures.

Cette tradition s'est perdue ; elle existe encore, assez près de nous, dans divers cantons de la Gironde, mais avec cette variante que là où le couronnement d'une rosière se pratique encore, les autorités locales ne garantissent pas un mari à la jeune fille choisie. A Nérac, cette institution présentait un double intérêt : celui de porter sur un mariage et de faire en même temps deux heureux... lorsque le bonheur suivait l'union ainsi consacrée. Rien ne permet de supposer qu'il n'en ait été ainsi.

Nous avons tenu à rappeler ces faits. Après les périodes troublées de la Révolution qui, ensanglantant Paris, avaient si profondément agité par répercussion les provinces, il était consolant de voir les esprits reposés se tourner vers des préoccupations plus calmes et s'adonner à des scènes pleines d'une joliesse, sinon naïve du moins charmante en sa simplicité.

Laissons ces agréments de la vie locale, gais comme des tableautins champêtres, et revenons aux grands faits de Nérac.

L'un des plus importants du dernier siècle qui mérite de retenir l'attention est le don de la Statue d'Henri IV fait à la ville de Nérac par le Comte Dijon. L'érection de cette statue donna lieu à des démêlés qui sont peu ou pas connus, et que nous allons rappeler. Ils ont ici leur place entière. Nous écrivons ici l'Histoire de Nérac et du Château ; à l'Histoire de Nérac se lie tout ce qui constitue sa transformation matérielle et l'évolution de sa vie intime ; à celle du Château se lie tout ce qui rappelle les souvenirs dont sa gloire est peuplée ; au Château d'Henri IV se lie le bronze qui perpétue l'image du Roi tendant la main aux Gascons ; après avoir décrit l'historique de l'un, il nous appartient de peindre la genèse de l'autre ; après avoir pris la demeure des rois de Navarre à son origine pour la conduire aux temps actuels, il est nécessaire de prendre également à son origine l'affaire de la statue et de suivre ses péripéties jusqu'au jour où le bronze apparut aux yeux émerveillés de la foule.

C'est ce que nous allons faire. Le lecteur y verra des détails pleins d'intérêt.

Sous des dehors frustres, qui donnèrent souvent lieu à des méprises, le comte Dijon, — de son véritable nom Philippe de Digeon, — avait l'âme d'un artiste, et l'on ne comptait pas les bienfaits que lui permettaient son cœur généreux et sa grande richesse.

Il obtint en avril 1816 une ordonnance royale autorisant l'érection d'une statue de Henri IV à Nérac, et il fit don du bronze à la Ville ; mais l'inauguration n'eût lieu que treize ans plus tard, soit le 3 Mai 1829.

Remontons donc à cette année 1816, origine de la statue.

Nous voyons le Conseil Municipal de Nérac réuni le 25 Juin pour formuler une adresse de remercîments au Roi qui a bien voulu autoriser le comte de

Dijon, député du département, à élever à ses frais une statue à Henri IV sur une place publique de la Ville. L'adresse remerciait également le roi pour la marque d'intérêt particulier qu'il témoignait à Nérac en donnant, écrite de sa main, l'inscription latine que la statue devait porter.

C'est l'inscription latine, en effet, qui figure sur le piédestal.

Nous ne citerons pas le texte complet de cette adresse qui ne diffère point des témoignages habituels de gratitude. Nous en reproduisons simplement le début qui fait connaître, au sujet de l'inscription en latin, une origine que peu de lecteurs sans doute connaissent.

« Sire,

« Votre Majesté a daigné permettre qu'une Statue « fût élevée dans Nérac à Henri IV, et tracer de sa « main l'inscription qu'elle va porter. Quelle faveur « plus touchante accordée avec autant de grâce !

« Bientôt, cette image chérie de notre grand et bon « Henri viendra rallier autour d'elle tant de souve- « nirs vivants mais épars autour de son berceau...

« Etc... »

L'ordonnance autorisant l'érection de la statue n'est pas, comme on le voit, de 1823, ainsi qu'un auteur l'a écrit par erreur, mais de 1816. La date de 1823 est celle de l'arrivée de la statue à Nérac, arrivée qui motiva une proclamation que le lecteur lira plus loin.

Dans cette même séance du Conseil municipal du 25 juin 1816, le Maire annonça que M. de Dijon allait revenir à Nérac pour faire à la Mairie le dépôt de l'inscription autographe de la main du roi. Le généreux donateur de la statue voulait bien accepter la collaboration active des autorités locales, mais il y mettait une condition : il entendait faire seul les frais que nécessiterait l'érection du monument.

Devant une telle volonté nettement exprimée, le Conseil dut s'incliner, et ne put que se borner à voter des remerciements pour la libéralité dont la ville était l'objet.

Les lignes suivantes, extraites du procès-verbal de la séance, montreront quels sentiments animaient l'Administration municipale à l'égard du comte de Dijon. Le Maire s'exprima ainsi :

« Sa modestie est extrême ; elle le portera sans « doute à se soustraire à tout ce que voudra faire « pour lui notre reconnaissance. Cependant, Mes- « sieurs, nous ne pouvons nous taire sur cet acte de « munificence digne d'un souverain, fait avec une « grâce qui en double le prix, et celui à qui nous « devons un monument qui fixera nos chers souvenirs « ne réussira pas tout-à-fait à se dérober au témoi- « gnage authentique de notre juste et vive recon- « naissance si nous en consignons l'expression dans « nos registres. »

La statue était déjà commandée. L'affaire suivit son cours ; pendant deux ans les préparatifs se poursuivirent.

Le 2 mars 1818, le Conseil municipal qui, entre temps, avait délibéré que le monument à élever à la mémoire de Henri IV paraissait devoir être placé « sur les ruines de l'ancien château », dut revenir sur ses premiers projets. On avait fait espérer alors le concours de l'arrondissement et même du département pour faire face aux dépenses que devait nécessiter l'exécution d'un plan presque arrêté ; déjà même, une souscription avait été ouverte, qui s'était revêtue de signatures. Mais les dépenses excédaient trop les prévisions. Pour mettre, en effet, la statue sur l'emplacement de l'ancienne cour intérieure du château, à son extrémité est, à l'endroit même où s'était élevée jadis l'aile orientale, il fallait acquérir des immeubles qui s'étaient bâtis là. Pour acheter ces maisons, niveler le terrain, établir des parapets, la Ville craignit d'assumer une trop lourde charge et de léguer à ses administrateurs à venir une dépense exorbitante.

Et cette dépense devait assurément représenter une somme excessive, puisque le Maire s'écria : « Jamais « nous ne pourrions acquitter une telle charge au- « dessus de nos moyens, et la ville ne jouirait peut- « être jamais de l'exécution de ce premier plan. »

C'est dans ces conditions que le Conseil, abandonnant l'idée des terrains du château, émit un vœu en faveur de la place du Temple, dite « Place d'Armes », qui se trouvait toute appropriée.

Quelques mois plus tard, en janvier 1819, M. de Brisac, Maire de Nérac, reçut une lettre de M. le comte de Dijon qui l'informait que la statue pédestre en bronze d'Henri IV était entièrement terminée et qu'il se proposait de la faire transporter à Nérac, dès que le Conseil Municipal aurait indiqué une place convenable pour son érection. Dans cette lettre le donateur manifestait le désir qu'on fît choix des terrains qu'occupait l'ancienne aile orientale du château.

Il lui fut répondu que sur ce point des travaux importants étaient nécessaires, et que les ressources de la Commune ne pourraient y faire face. On fit valoir à M. de Dijon que la place d'Armes indiquée par la délibération du 2 mars 1818, apparaissait comme le lieu le plus convenable pour le placement de la statue. Cette place, en effet, ajoutait-on, a deux côtés garnis de maisons bien entretenues ; à l'une de ses extrémités se trouvent réunis les Tribunaux, la Sous-Préfecture et la Mairie ; à l'autre extrémité passe la promenade intérieure qui est le centre de réunion des habitants et des étrangers que leurs affaires ou leurs plaisirs attirent chaque jour sur ce point de la ville. Le conseil ne pouvait donc que persister dans sa délibération du 2 mars 1818 par laquelle il désignait la place d'Armes ; il exprimait enfin à M. de Dijon ses regrets de ce que les faibles ressources de la Commune ne lui permettaient pas de faire les dépenses nécessaires en vue de l'aménagement des terrains du château.

Le Comte de Dijon ne répondit pas tout d'abord. Les choses traînèrent et une circonstance survint qui permit au Conseil municipal, sans revenir toutefois sur sa décision, de manifester son extrême bonne volonté.

En effet, en avril 1821, l'établissement de la route d'Astaffort à Grignols fit mettre à contribution la Commune de Nérac sur le territoire de laquelle devait passer la nouvelle voie. — C'était là une obligation à laquelle la Ville ne pouvait se dérober. Le Conseil vota une somme de 30.000 francs, en spécifiant bien que sur ce chiffre, une part de 10.000 francs serait réservée à l'érection de la statue d'Henri IV.

Mais les meilleures dispositions ont souvent leurs revers.

Une campagne de presse s'organisa contre le Conseil, que l'on accusait de vouloir refuser le don de la Statue puisqu'il n'accédait pas au désir de M. le comte de Dijon, quant au choix de l'emplacement. Le Maire s'indigna, réfuta les médisances et les calomnies ; les journaux s'emplirent des attaques et des réponses. Bref, pour montrer son ardent désir de voir aboutir une solution, le Conseil municipal décida : 1° d'aliéner la partie de Garenne comprise entre le Petit-Nérac et la nouvelle route projetée d'Astaffort à Grignols, aliénation estimée 12.000 francs ; 2° d'aliéner d'autres terrains avoisinant le tracé de ladite route, aliénation estimée 5.000 francs ; 3° d'affecter ces 17.000 francs, produit présumé de ces ventes, aux frais d'établissement et d'érection de la statue Henri IV. Une commission de trois membres fut nommée à cet effet ; copie de la délibération fut envoyée à M. de Dijon, comme un gage nouveau de la gratitude du Conseil, et le Préfet fut prié de soumettre au Conseil Général.

Or, presque au même moment, le Maire de Nérac fut avisé qu'il ne serait pas donné suite au projet de la route dont nous avons parlé, et le Conseil municipal s'empressa de reporter les fonds qui devaient y être affectés à la somme affectée aux frais d'érection de la statue.

Les choses s'aplanissaient. N'étant plus tenue par la pénurie des ressources budgétaires de la Commune, l'Assemblée municipale put envisager plus librement l'aménagement des terrains du château avec acquisition des maisons qui y étaient construites, tout en se réservant de gager les suppléments de dépenses ou les imprévus sur des impositions autorisées.

Des plans furent dressés par les Ingénieurs, et, pour mettre un terme à toutes les discussions, la ville acheta, pour le prix de 10.000 francs, la maison de Jean-Pierre Nolibé, négociant. Cet Immeuble se trouvait exactement au point central où devait être placé le monument.

Ces dispositions furent votées dans la séance du Conseil Municipal du 16 octobre 1823.

M. le comte de Dijon allait avoir satisfaction. La maison Nolibé allait être démolie pour faire place nette, et l'image en bronze de Henri IV allait pouvoir s'élever auprès des restes de l'ancienne et royale demeure.

Aucune difficulté n'existant plus, le donateur fit

connaître à la Municipalité que la statue allait être transportée à Nérac. La nouvelle remplit de joie la population, et, pour porter à son comble l'allégresse générale, le Maire crut devoir adresser une Proclamation aux habitants.

Nous croyons intéressant de reproduire dans son entier cette Proclamation, qui montre à quel diapason s'élevait l'enthousiasme.

Elle porte la date du 1er décembre 1823.

« Aux habitants de la Ville de Nérac,

« La statue du bon roi Henri IV arrive dans le cou-
« rant de la journée dans nos murs ; nos vœux sont
« donc enfin accomplis ; empressons-nous de l'ac-
« cueillir avec cette gaîté et ces transports de joie
« que nos aïeux ont toujours éprouvés à sa vue ; que
« tout citoyen aille au-devant de son image chérie ;
« que des danses et des instruments l'accompagnent
« jusqu'au lieu où elle doit être provisoirement dé-
« posée. Et pour que tous les citoyens en soient pré-
« venus, le son de la cloche annoncera son départ
« pour sa destination. Le bruit du canon avertira de
« son arrivée ; neuf coups de canon la salueront à
« son entrée au port et feront ainsi participer les
« campagnes voisines à notre ivresse et à notre bon-
« heur commun. Une illumination générale aura lieu
« dans toute la ville. On n'en doute pas, il n'est pas
« de citoyen qui n'exprime aussi sa satisfaction. Des
« instruments seront placés sur la place du Temple,
« ou sous la Halle si le temps était pluvieux, pour
« que tout citoyen puisse se livrer au plaisir de la
« danse et exprimer d'une manière plus particulière
« la joie que lui cause la présence de l'effigie du
« meilleur des rois.

« Le Maire, DARBLADE aîné. »

La statue de Henri IV arriva, en effet, à Nérac, le 1er décembre 1823. On devine à quelles scènes de liesse populaire donna lieu l'évènement. Le monument, escorté de la foule, au milieu des bruits, du chant et de la musique fut transporté dans le local qui lui avait été destiné pour être ainsi « remisé » en attendant son érection.

Il y demeura six années, puisque l'inauguration n'eut lieu qu'en 1829.

Des auteurs ont mis ce long retard sur le compte de difficultés qui se seraient élevées au sujet de l'emplacement que devait occuper la statue. Ce ne fut pas là la véritable cause, ainsi qu'on vient de le voir par les faits que nous avons rappelés. Les motifs qui firent retarder la cérémonie de l'inauguration sont peu connus ; autant dire que le public les ignore presque totalement.

Au reste, on ne trouve trace d'aucun document indiquant pour quelles raisons la statue resta ainsi pendant six ans enfermée.

Nous n'avons sur ce point que la relation de récits transmis d'âge en âge, et parvenus de cette façon jusqu'à notre époque, — sans revêtir assurément aucun caractère officiel, mais sans varier sur le fond quoique issus de plusieurs bouches, et sans qu'on puisse du moins leur contester la vraisemblance.

Il faut donc en laisser la paternité aux sources aujourd'hui centenaires d'où ils découlent et ne les accepter que comme des suppositions. Mais il n'en est pas moins vrai que les raisons pour lesquelles on retarda si longtemps une inauguration que la population de Nérac attendait avec impatience devaient être des raisons très sérieuses. C'est pourquoi nous pouvons admettre sans trop grande réserve les faits que nous ont légués les grand-pères.

Nous croyons devoir les rappeler très brièvement.

Lorsque le comte Dijon offrit la statue de Henri IV à la Ville de Nérac, il fut entendu que les Pouvoirs municipaux prendraient à leur charge les frais du piédestal. Et lorsque le bronze arriva, le généreux donateur ne se déclara pas satisfait du piédestal que la ville avait fait faire ; il le refusa. Ce piédestal était en pierre. On a pu le voir pendant trois générations à la cale, près des Ateliers de l'Administration des Ponts-et-Chaussées. Jusqu'en 1872 il a servi de porte-reverbère lorsque Nérac avait encore l'éclairage aux quinquets.

Il n'est plus à cette place, mais il n'a pas disparu pour cela, quoique légèrement transformé. Rajeuni par le ciseau, le piédestal en question a servi pour le Monument aux Morts et il supporte le poilu qui, à l'entrée de la Garenne rappelle l'héroïsme de la grande guerre.

Mais la Statue de Henri IV ne pouvait attendre sur la voie publique que le Conseil municipal d'alors eût délibéré sur la situation créée par le refus du comte Dijon d'accepter le piédestal dont la ville avait fait les frais. L'honorable donateur voulait un piédestal plus digne de la belle œuvre d'art qu'il offrait à Nérac ; il en fit faire un lui-même, en marbre : c'est le piédestal actuel.

Et, en attendant que ce bloc de marbre fût taillé et livré, il fallut remiser la statue. Henri IV, sans quitter la caisse de bois qui lui servait de fort emballage et qui dérobait aux regards des curieux ses traits en bronze, prit possession d'un local encore existant qui constitue l'arrière-maison de l'Immeuble portant le n° 11 de l'Avenue Mondenard. Ce local faisait corps avec la maison dont l'entrée, élevée sur perron, est contiguë à l'ancienne maison Labadie-Lagrave.

C'était là, du reste, qu'habitait M. Nolibé, régisseur des propriétés du comte Dijon. La statue ne pouvait être placée sous meilleure garde. La famille de M. Nolibé, en ligne collatérale, n'est pas éteinte.

La situation, on le comprend, ne fut pas sans exciter la verve des humoristes, et un de nos plus spirituels Néracais composa une chanson qui courut vite les rues, dans laquelle Henri IV réclamait sa place au soleil.

Sur une sorte de leit-motiv, la chanson finissait toujours, à chacun de ses couplets, sur le même refrain :

Tirez-moi de ma loge de bois,
Tirez-moi de ma loge.

Quant à l'emplacement que devait occuper la statue, aucune difficulté ne s'éleva sur le choix de la place indiquée par le comte Dijon lui-même, c'est-à-dire devant le Château, à l'endroit précis où s'était élevée, jusqu'à la Révolution, l'aile orientale de l'ancienne résidence royale.

Telle est la version. Toujours est-il que de 1823 à fin 1828, ni l'impatience du public, ni les récriminations de la presse, ni la verve mordante des chansonniers ne purent provoquer la « sortie » de Henri IV.

Le 30 octobre 1828, par lettre adressée au Maire de Nérac, M. Laffitte, ingénieur en chef du Département, indiquait le niveau à donner à la première marche du piédestal. Le Maire se rendit sur les lieux, avec les adjoints, afin de faire procéder à cette opération. Il y trouva le sieur Taillarda, « artiste-maçon » dit le document qui nous fournit ce détail ; la hauteur de la première marche fut placée « à 50 centimètres au-« dessus du niveau du seuil de la porte d'entrée du « Château », et procès-verbal fut dressé en présence de M. Nolibé, fondé de pouvoirs de M. le Comte de Dijon.

Enfin, le soleil se leva sur le 3 mai 1829. Ce fut le grand jour de l'inauguration. Déjà le 25 mars précédent un projet de fête officielle avait été arrêté, qui envisageait des invitations aux Maires de l'arrondissement, et des mesures d'ordre en prévision de la foule énorme que la cérémonie allait attirer dans Nérac.

Le programme de cette fête contenait de nombreux articles concernant l'organisation et la marche du cortège, le règlement de l'inauguration, et ensuite musique, gondoles décorées sur la Baïse, danses à la Garenne.

Deux particularités retiennent l'attention. A l'article 6, il est dit qu'en dehors des places réservées aux personnages officiels, des tribunes, dont l'accès se paierait deux francs au profit des pauvres, seraient dressées pour le public.

Et à l'article 15, nous copions textuellement :

« A l'exemple de M. le comte de Dijon, dont la « générosité a bien voulu, dans cette circonstance, « réaliser la paternelle pensée d'Henri IV, pour que « tout habitant puisse, ce jour-là, mettre la poule au « pot, la Ville fera faire une distribution de vin et « de comestibles aux prisonniers. »

La fête se poursuivit sans incident, et la journée se termina dans une indescriptible allégresse.

Telles furent les phases par lesquelles passa l'histoire de la Statue d'Henri IV. Le donateur put contempler, ravi, l'œuvre issue de son grand geste de générosité.

Au reste, le comte Dijon avait en tête d'autres projets dont Nérac eût tiré d'avantageux profits. C'était la reconstitution du Château, et c'était le legs qu'il voulait faire à notre ville de toute sa fortune. Ancien

Membre de la Chambre des Députés, le comte subit un échec électoral vers 1834. Il en éprouva un fort chagrin, et quitta Nérac pour se retirer dans la banlieue de Pau, où il mourut en 1836.

C'est en 1872 que la statue fut transportée sur la place où elle s'élève aujourd'hui.

Ce dernier fait est trop rapproché de nous pour que de nombreux lecteurs ne l'aient point encore présent à la mémoire. Henri IV ne fut point transporté de la place du Château à la place Normandie. Il y fut amené, ou pour mieux dire, il glissa, debout sur des madriers étendus à terre, vers sa nouvelle destination. Cela demanda un temps assez long, un personnel nombreux, une garde vigilante autour du bronze, à chaque halte qu'il faisait, et cela suscitait d'instinctives craintes à la personne chargée de diriger les travaux. Il était assez curieux de voir la foule s'empresser auprès du monument, dont on admirait la haute taille, et les agents chargés du service d'ordre ne pouvaient écarter les gens qui voulaient toucher la main qu'Henri IV tendait à ceux qui l'entouraient.

Enfin, après de laborieux efforts la statue put arriver sans encombre à l'endroit qui lui était assigné, et s'élever sur le piédestal où tout passant, aujourd'hui, l'admire.

Nous disons sans encombre, au point de vue des travaux que nécessita ce transfert. Mais quelles tribulations la Statue n'avait-elle pas eues, même après son érection, de 1829 à 1872.

Rappelons-les en quelques mots, la digression nous parait pleine d'intérêt.

Disons tout d'abord que lors de l'inauguration, la Municipalité avait déclaré que la statue ne quitterait plus la place où l'on venait de la mettre. Mais les évènements sont maîtres de l'homme. L'endroit n'était guère propice à la surveillance ; entre l'assise du piédestal et les maisons situées sur l'emplacement de l'ancienne aile sud du château, il n'existait qu'un passage étroit, pour accéder à l'escalier qui descendait vers le rond-point du Pont-Neuf. Le piéton qui empruntait cet escalier, soit en montant soit en descendant, avait à affronter deux tournants dangereux, non pour la circulation mais pour la salubrité publique. Les ordures s'y accumulaient. L'autorité municipale dut envisager de sérieuses mesures à prendre.

Déjà, par les soins des héritiers de M. le comte de Dijon, la Statue avait été entourée d'une grille ; c'est la même qui existe ; mais cela ne suffisait pas. Le Conseil dut alors prendre une sérieuse résolution : celle de transférer la Statue sur un autre point de la ville ; et, dans la séance du 26 mars 1854, il fut décidé que la statue serait déplacée et transportée sur la place du Temple.

Ce vote ne fut cependant pas suivi d'exécution ; on envisagea que les travaux qu'allait nécessiter ce déplacement pourraient nuire aux maisons voisines, et l'on craignit de se trouver en face d'indemnités à payer. La statue resta là, mais la question fut reprise l'année suivante. Le 10 février 1855, en effet, le Conseil reconnut qu'il y avait urgence à transférer la statue, et décida qu'on la mettrait... sur la place du Marché, au point d'intersection des axes de la du Château et de l'ancien emplacement de la Halle. On peut aujourd'hui situer ce point à l'endroit où s'est élevé, il y a quelques années, le kiosque de la Petite Gironde aujourd'hui disparu. Par 13 voix contre 2, le Conseil vota pour ce transfert un crédit de 3.500 francs.

Pour se conformer au vote de l'Assemblée municipale, le Maire, M. Larroze, prit ses dispositions ; sacrifiant à une idée qu'il avait en tête et qu'il jugeait originale, il fit faire un piédestal en bois provisoire et le fit installer sur l'emplacement choisi afin que chaque citoyen pût apprécier l'effet que ferait la statue le jour où elle y serait placée. Puis, le 5 mars 1855, le Maire convoqua ses collègues du Conseil pour leur rendre compte des opinions recueillies.

La séance fut animée ; les discussions prirent même une tournure grave. Un des conseillers, rappelant que la statue ne devait point quitter la place du Château, demanda qu'elle y restât. Un autre, rappelant la délibération du 26 mars 1854, dit que le Conseil devait s'y maintenir, et proposa que la statue fut transférée sur la place du Temple. Le Conseil, revenant à sa première délibération, abandonna la place du Marché et fixa son choix sur la place du Temple.

Henri IV ne bougea cependant pas. Cinq ans s'écoulèrent, et en mai 1860, la question fut reprise. Les héritiers de M. le Comte de Dijon ne faisaient aucune opposition ; néanmoins, aucune décision n'intervint.

Il fallait cependant en finir. Bref, en mai 1862, le Conseil fut à nouveau saisi de la question, et, par dix voix contre huit, il fut décidé, d'une manière définitive, que la statue serait transférée sur... la place du Marcadieu.

Puis, le Conseil renvoya à une session ultérieure pour traiter les questions relatives au mode et aux conditions de la translation.

Cette session ne devait pas arriver ; la guerre et les évènements politiques de 1870 vinrent finalement changer la face des choses, et deux ans après, comme il est rapporté plus haut, en 1872, — M. Armand Fallières étant maire, — la statue s'élevait sur la place de Normandie.

On peut dire que le XIXe siècle a donné à Nérac,

ville historique, une célbrité d'un autre ordre, en consacrant sa réputation gastronomique.

En effet, dans la rue Fontindelle, un aubergiste du nom de Taverne, (il y a des noms prédestinés), imagina une sorte de terrine qui, sous le nom de « Terrine de Nérac », fut offerte à un très haut personnage, et, trouvée exquise, eut tôt fait d'être en honneur sur les tables princières. La recette culinaire du restaurateur Néracais, passé maître dans son art, répandit son nom par le monde. A quoi tient la gloire ! Des humoristes se demandèrent alors si le nom de Taverne était le nom véritable de l'aubergiste, ou si, au contraire, il ne rappelait pas quelque sobriquet par analogie avec la profession exercée. Nous pouvons affirmer que c'était bien là son véritable nom de famille. Il y a de cela de nombreuses années, en collaboration avec deux érudits, Monsieur Faugère-Dubourg et Monsieur Tamizey de Larroque, nous avions réussi, à l'aide de documents authentiques, à reconstituer toute la généalogie des Taverne. Des circonstances imprévues, le départ de Monsieur Faugère-Dubourg, qui quittait Nérac en 1884 pour le poste de Bibliothécaire du Ministère de l'Intérieur, l'éloignement de Monsieur Tamizey de Larroque, qui habitait l'arrondissement de Marmande, nous empêchèrent de publier ce travail de documentation qui avait nécessité d'assez longues recherches. Il serait très difficile, sinon impossible de retrouver aujourd'hui ces notes qui présentaient un certain intérêt.

Quoi qu'il en soit, Taverne a bien existé et exercé sous son vrai nom ; et le pâté créé par lui a continué d'exister... de nom seulement, car la recette de son inventeur n'est plus la même.

Quant à la maison de l'aubergiste, bien des lecteurs seront surpris en apprenant qu'elle existe encore, malgré de légères transformations. C'est la maison étroite et haute, quoique très basse de plafond au rez-de-chaussée, qui porte le n° 27 de la rue Fontindelle.

Vers le milieu du siècle et pendant plus de vingt années, une bonne femme très connue à Nérac, qui excellait dans la fabrication de la charcuterie de ménage, confectionna là des pâtés de porc dont le fumet tout chaud emplissait la rue ; le public en était friand et les prisait tout particulièrement.

Ce n'était plus la terrine aristocratique de Taverne, mais l'auréole de l'aubergiste fameux ne s'éteignait pas complètement ; elle jetait encore des lueurs sur ce plat prolétarien dont le goût savoureux faisait honneur à la bonne femme qui en avait le secret.

C'est également vers le milieu du siècle dernier que Nérac vit plusieurs de ses rues et places changer d'appellation, et nombreux sont les noms qui ne rappellent rien ou presque rien au passant d'aujourd'hui. C'est vers cette époque que fut donné le nom de « Quai Luzignan » au quai qui longe la Baïse, allant du Moulin à l'Usine à gaz.

Le nom de Luzignan appartient à une famille qui a laissé de grands souvenirs dans la région.

Sous le titre : « Une aventure du baron de Luzignan », nous possédons un manuscrit qui est l'annotation d'un Récit de 1625, où l'on relate comment le baron Guy de Luzignan, conducteur de l'armée du duc de Rohan, fut pris et conduit prisonnier au Château de Cadillac « après la défaicte de six cens rebel-
« les, taillez en pièces par Monseigneur le duc d'E-
« pernon. »

Cette aventure fut reproduite en une plaquette tirée à 60 exemplaires en 1886, — à la suite de laquelle l'auteur, Monsieur Tamizey de Larroque, publiait les deux premières pages (les seules connues) d'une Brochure imprimée à Bordeaux en 1651, pendant les troubles de la Fronde, et qui mentionne les exploits du marquis François II de Luzignan, fils aîné du premier marquis de Luzignan, et frère du baron Guy de Luzignan dont nous parlons plus haut.

Ces documents sont à peu près introuvables aujourd'hui, et, sans publier ici le récit fort long de la susdite aventure, nous sommes très aise de la signaler en passant, grâce au précieux manuscrit qui est en nos mains.

Au cours également du siècle dernier, un des monuments du temps de Louis XIII qui fut l'objet de successives affectations est l'actuel immeuble des Capucins. Il serait plus juste de dire « partie d'immeuble », car l'ancien couvent fondé par Richelieu était devenu plus tard l'Ecole des Frères de la Doctrine Chrétienne ; transformé depuis, démoli et reconstruit en partie, il est actuellement l'Ecole Supérieure de Filles. La partie qui a été annexée à cette Ecole pour permettre l'extension des classes était autrefois l'église ou chapelle dudit couvent des Capucins.

C'est ce corps de logis qui a été tour à tour manufacture de toiles peintes, violon municipal, salle de réunions publiques, théâtre d'amateurs, gymnase, etc.

Certaines affectations de cet Immeuble remontent à l'époque de la Révolution.

C'est ainsi que le 24 frimaire an V, un sieur Jean-Georges Quatreils de Nérac, déclarait devant la Commission Municipale réunie son intention de remplir le ministère d'un culte protestant dans « la cy-devant Eglise des « cy-devant Capucins ». Et le déclarant demandait à prêter le serment prescrit par l'article 6 du Titre III de la Loi du 7 vendémiaire an IV.

Le serment était, en effet, obligatoire. La Commission délibérait au nombre de quatre membres et ne décidait qu'après avoir entendu le Commissaire du Directoire exécutif.

Les règlements, au surplus, étaient fort sévères, et ne s'atténuèrent que bien lentement pendant les vingt années qui suivirent.

Pour en donner une simple idée, nous citerons un arrêté municipal du 14 juin 1824, qui interdisait de fumer sur la voie publique en certains points de la ville, certains jours et à certaines heures.

Voici cet arrêté :

« Le Maire de Nérac, considérant qu'il est de l'es-
« sence d'une bonne police de réprimer ou de prévenir
« tout ce qui peut tendre à incommoder les personnes
« de cette ville,

« Arrête

« Art. 1er. Il est défendu à tous individus de fumer
« pendant la durée des foires et marchés sur les pro-
« menades de la ville.

« Art. II. Les jours autres que foires et marchés,
« il est également défendu de fumer sur lesdites pro-
« menades depuis midi jusqu'à minuit.

« Le Maire, DARBLADE aîné. »

Nous ne savons si M. le Maire était personnellement contre l'abus du tabac, ou bien pour quelles raisons il poussait à l'extrême une semblable interdiction.

Quoi qu'il en soit, ses préoccupations ne portaient pas seulement sur ses administrés ; elles s'inspiraient également du souci de ne point voir incommoder les choses matérielles, dommages à l'habitation, préjudices à la propriété d'autrui. C'est dans la même année que les animaux eux-mêmes furent l'objet de sévères mesures.

En effet, un arrêté du 2 Juillet, portait :

« Tout citoyen qui voudra laisser sortir un porc, ou « le confier à qui que ce soit, sera tenu de lui faire « mettre un clou au nez pour qu'il ne dégrade pas « les propriétés voisines, — sous peine d'amendé. »

Mais laissons là ces petits faits de la vie administrative, et revenons aux Capucins.

En 1834, le Théâtre installé là fut détruit par un incendie. Cela ne découragea point les artistes locaux qui offraient d'agréables soirées à la population. Ils cherchèrent du côté de la rue du Manège un local qui put facilement s'approprier. Ils ne trouvèrent point ce qui devait répondre à leurs besoins et à leurs goûts. Le Manège, vaste dépendance du Château, avait, lui aussi, été détruit par le feu, quelques années auparavant ; les constructions que l'on avait élevées sur son terrain étaient des maisons d'habitation n'offrant pas la superficie des anciens espaces couverts contemporains des écuyers du roi.

L'incendie qui avait consumé ces intéressants vestiges n'avait fait, en un clin-d'œil, qu'un immense brasier de tout le corps de bâtiment.

Rappelons-le en quelques mots :

Après que l'ancien Manège des Rois de Navarre eût perdu son affectation, il demeura, — tel actuellement le Château, — à l'état de témoin muet de son importance passée ; mais pour éviter à la fois sa destruction lente par le temps, et les frais de son entretien, diverses parties furent aliénées au profit de quatre citoyens : Menjoulet, bouchonnier, — Pérès aîné, géomètre, — Sengenès aîné, tailleur, — Marrassé, marchand. La partie occupée par ce dernier ne lui avait pas été aliénée en propre ; elle appartenait à Tertre, traiteur, qui la lui avait affermée. Ce sieur Marrassé n'était pas de Nérac ; il habitait Bayonne mais il venait dans le pays à chaque foire ; il avait, par conséquent loué ce local pour avoir dans notre ville un constant dépôt de ses marchandises.

Le feu, se déclara le 5 septembre 1818 à trois heures du matin, dans la partie occupée par les ateliers du bouchonnier Menjoulet. Par suite du manque d'eau, malgré le concours empressé de la population et des autorités locales, tout devint la proie des flammes. On dut se borner à préserver les maisons voisines ; après de longs efforts, on y réussit. Seule, la maison du sieur Catalan fut légèrement endommagée.

Les causes du sinistre restèrent inconnues ; les pertes totales s'élevèrent à 17.418 francs.

Les maisons qui s'édifièrent par la suite sur cet emplacement n'offrant aucune ressource aux artistes amateurs dont nous parlons plus haut, ceux-ci s'installèrent dans l'immeuble de la rue Lafayette occupé actuellement par le magasin de dépôt de Monsieur Duprat, négociant en grains. Là, augmentée d'éléments nouveaux, la joyeuse troupe s'exerça sous la direction d'un professionnel, M. Dalia. Nous avons sous les yeux le manifeste imprimé que l'avisé Directeur adressait au public amateur de saines distractions.

Un des souvenirs qui se rattache à cet Immeuble de M. Duprat est l'ouverture d'une saison théâtrale qui débuta là par une conférence de Jasmin.

Peu à peu, les anciens murs des Capucins, reconstruits, perdirent l'écho des Comédies qui s'étaient jouées là. Il nous souvient cependant que vers 1883, un conseiller municipal, que l'auteur de ces pages a connu tout particulièrement, présenta à l'Assemblée Municipale un projet d'aménagement de la Salle des Capucins pour l'installation d'un Théâtre.

Des amis lui criaient : « Secouez, secouez l'arbre, « quand le fruit sera mûr, il se détachera tout seul. »

L'arbre fut longtemps et longuement secoué, mais

le fruit ne se détacha pas. Le projet de Théâtre municipal était facile à réaliser surtout dans un Immeuble appartenant à la ville. Soumis au vote du conseil, il recueillit seulement la voix de son auteur. A une élection suivante, un collègue ami des Arts nouvellement élu reprit le projet, mais sans plus de succès. La séance fut mémorable. Le collègue partisan du Théâtre s'écria dans un effet déclamatoire indigné, faisant allusion aux nouveaux abattoirs : « Vous éle-
« vez un Temple à la boucherie et à la charcuterie,
« et vous refusez une Cabane à la Pensée ! »

Ce fut là l'épilogue du projet, mais toute cette belle discussion n'eut pas de retentissement au dehors. Les séances n'étaient pas publiques.

Ce fut vers la même époque que le Conseil municipal décida l'enlèvement du Griffon. Les très rares Conseillers municipaux d'alors qui vivent encore, — et l'auteur de cette Brochure est du nombre, — se souviennent des graves discussions que le projet souleva au sein de l'Assemblée ; — non pas sur la question de l'enlèvement, car l'opération devait assainir la place et permettre la répartition de l'eau de cette fontaine sur plusieurs points de la ville, mais sur la question de savoir ce que l'on ferait de ce monument qui rappelait une libéralité d'Henri IV.

Bref, aucune discussion n'aboutit, et le Griffon s'est tout simplement évanoui, voyant ses membres écartelés et dispersés au vent des évènements. Des parties de la vasque allèrent se perdre au foirail avec le fût arrondi qui avait centralisé l'eau de distribution ; plus tard ce dernier vestige se retrouvait à la Garenne où, en des matinées de curieuse mémoire, il servait de faux débit à une eau minérale qu'un ingénieux tenancier du Châlet débitait en bonbonnes.

Le fait mérite d'être signalé ; nous allons en parler plus loin.

Quant à la fontaine du Griffon, située à l'extrémité du cours qui portait son nom, aujourd'hui cours Romas, son utilité, — alors que les bornes-fontaines n'existaient pas, — se doublait de l'agrément que trouvaient les ménagères à faire de longues poses avec d'interminables commérages autour de sa vasque, pendant que lentement, très lentement, l'arrosoir s'emplissait sous un filet d'eau. Nous disons un filet d'eau, car des huit tuyaux plantés dans le vase élevé qui recevait le débit de la source, quatre seulement coulaient ; les quatre autres qui leur étaient superposés, placés dans les intervalles, ne servaient plus que d'ornement ; c'est que la canalisation demandait souvent des réparations, en même temps que le bassin de captation de la source, située dans un vallon avoisinant la route de Mézin, à 1500 mètres environ du centre de la ville, demandait des améliorations ou de l'entretien.

De tout temps, le Griffon avait nécessité des soins et occasionné des dépenses à la charge de la commune. Ces dépenses n'atteignaient pas assurément des chiffres élevés, mais elles constituaient une charge annuelle inscrite au budget.

Nous ne parlons là, bien entendu, que des dépenses d'entretien. Cela se conçoit assez car les fontaines n'étaient pas nombreuses, à Nérac. Quatre seulement, — à l'exception de puits particuliers, — servaient à alimenter la ville : le Griffon, au centre ; la fontaine de Fontindelle et celle de la Brèche aux deux extrémités nord et sud ; la fontaine du Petit-Nérac ; il est vrai que ces trois dernières ont toujours accusé un bon débit.

On comprend dès lors que les autorités locales se

soient préoccupées de leur entretien permanent. Cet entretien était donné à l'entreprise. Le règlement portait que l'entrepreneur était chargé du nettoyage et du balayage des fontaines deux fois par mois ; en outre, en ce qui concernait celle de Fontindelle, il était chargé du « recurement du fossé ou ruisseau qui part de ladite fontaine », chaque fois que cela devenait nécessaire ; il devait également surveiller les entreprises qu'il ferait faire sur ledit ruisseau.

Voici, à titre d'indication comparative, le traitement qui lui était alloué :

Pour la fontaine de Fontindelle, 40 francs ; pour la fontaine de la Brèche, 12 francs ; pour la fontaine du Petit-Nérac 30 francs ; pour le Griffon, 25 francs.

Ces sommes s'entendent tous les trois mois.

Nous avons dit que le Griffon, situé sur la place où se faisaient autrefois les exécutions, le Griffon qui avait mêlé jadis le murmure de son onde aux longues plaintes d'agonie des condamnés, le Griffon enfin qui avait vu les horribles supplices de la roue et de l'écartèlement, avait eu ses organes dispersés. Quelques-uns avaient été recueillis par un malicieux néracais qui chercha, tout d'abord, à les utiliser dans son intérêt personnel. A l'aide de ces précieux vestiges, et favorisé par le site charmant qui embellit les abords du Châlet de la Garenne que la Ville lui avait concédé, il transforma les talus qui surplombent la pelouse, et confectionna là une station minérale en miniature, espérant bien y attirer de nombreux buveurs.

Ces buveurs y vinrent, et d'autres également qui ne buvaient pas mais qui venaient aspirer avec délice l'oxygène pur des matins d'été, car la « buvette » s'ouvrait généralement à 7 heures ; seulement, il fallait l'alimenter, la source n'existant que dans des bonbonnes cachées, d'une capacité de dix litres environ. C'était fort ingénieux, et c'était coquet ; l'eau s'écoulait par un tuyau authentique de l'ancienne fontaine offerte par Henri IV à ses chers habitants de Nérac. Le défilé des « malades » ou de ceux qui s'en croyaient créait une animation dans la Garenne, à laquelle venait ajouter sa note gaie la douce flânerie des bien portants, étendus sous les ramures irisées par les premiers feux du soleil.

Si l'idée d'encastrer dans un rocher le fût de l'ancien Griffon, et d'en faire jaillir une eau transportée tous les matins de 11 kilomètres, put prêter à quelques facéties, il serait injuste de railler l'eau que l'on débitait ainsi.

Cette eau n'était autre que celle du « Gnarrou », eau minérale française ignorée dont la source coule silencieusement dans un vallon de la commune de Lasserre.

Quelle est sa valeur en thérapeutique ? Nous allons le voir :

Madame la baronne de Narbonne-Pelet, aïeule du comte Dijon, avait laissé à ce dernier, par héritage, le Château et la terre de Lasserre, sur laquelle se trouve le Gnarrou, — et le comte, à sa mort, légua le domaine à la famille de Gervain qui le possède encore. Né le 13 septembre 1756, le comte Dijon, d'abord mousquetaire puis capitaine de cavalerie au service de la Royauté, avait connu les cachots de la Terreur ; — mais, ayant pu s'échapper et se cacher, il avait regagné, après la tourmente révolutionnaire, le château de Lasserre pour reprendre la gestion de ses vastes propriétés et de sa fortune qui était considérable.

Il y mit à profit ses relations avec le chimiste Dulong, et chargea ce savant d'analyser l'eau du Gnarrou.

Voici le texte de cette analyse :

Analyse de l'Eau de Lasserre « Source du Gnarrou ».

| | |
|---|---|
| Air atmosphérique | 0,43 |
| Acide carbonique | 0,47 |
| Sulfate de magnésie | 0,135 |
| Sulfate de soude | 0,660 |
| Chlorure de sodium | 0,048 |
| Chlorure de magnésium | 0,041 |
| Carbonate de chaux | 0,254 |
| Carbonate de magnésie | 0,003 |
| Sulfate de chaux | 0,068 |
| Silice | 0,003 |

Eau bicarbonatée calcique

Dulong.

Le comte Dijon mourut en 1836, précédant de peu dans la tombe le chimiste Dulong qui mourut à Paris en 1838, et le Gnarrou tomba dans l'oubli ; mais des analyses ultérieures firent découvrir dans l'eau de cette source des traces de lithine.

On connait cette affection qui consiste dans la formation de sables ou de petites pierres dans l'organisme, et qu'on désigne par lithiase urinaire, lithiase biliaire. Or, on sait que les sels de lithine dissolvent les urates, et l'on sait également que dans les cas de lithiase urinaire les eaux contenant de la lithine sont spécialement ordonnées : telles sont les eaux antigoutteuses de Vittel, Contrexéville, Vichy, Royat, etc.

L'eau du Gnarrou est donc une eau radioactive.

Dès lors, un horizon s'ouvrait soudain pour Nérac. Un mouvement se produisit qui amena de nombreuses personnes à faire une cure de cette eau minérale, et l'on peut assurer que bien des malades lui doivent leur guérison.

Une sorte d'engouement secoua aussitôt le pays, et la vision d'un projet d'adduction hanta, dans notre ville, les cerveaux les mieux organisés.

Mais ici nous entrerions dans un autre ordre d'idée.

Et cependant, pourquoi n'y entrerions-nous pas ? Comment ne pas nous arrêter un instant sur cette question si intéressante du Gnarrou qui, après avoir fait verser quelques flots d'encre, est de nature à défrayer les chroniques. Cette source a déjà préoccupé, il y a une trentaine d'années, le monde médical, le monde administratif et le monde scientifique ; depuis lors, sans bruit, sans réclame tapageuse, elle a redonné la santé à de nombreux malades de la région. Puis, l'oubli s'est fait à nouveau sur elle, malgré que des personnes atteintes de divers troubles continuent isolément à lui être fidèles.

Est-ce s'écarter du sujet de cette monographie que de rappeler ici, au sujet de cette eau de Lasserre, quelques évènements locaux ; nous ne le pensons pas ; nous restons, au contraire, très persuadé que le lecteur y trouvera de l'intérêt.

Donc, en 1898, trois néracais, — l'un, qui était docteur-médecin jouissant dans le pays d'une très grande considération, M. le docteur Pons ; l'autre, qui était Sous-Préfet de Nérac, M. Mourlan-Descudé ; le troisième, qui est l'auteur de ces lignes, — trois néracais, disons-nous, eurent leur attention portée sur l'eau du Gnarrou. L'un des trois, le docteur-médecin, âgé et malade, voulut expérimenter les effets de la source de Lasserre. La cure merveilleuse qui en résulta pour lui fit découvrir aux yeux des trois compatriotes des horizons pleins d'espoir pour Nérac. A ce moment, disons-le, un pharmacien-chimiste distingué, M. Fréchou, qui devint plus tard maire de Nérac, avait longuement étudié les propriétés curatives de cette eau minérale, et en avait repris l'analyse à l'aide du spectroscope, précieux instrument dont la science s'était enrichie ; c'est à lui que revient le mérite d'y avoir découvert, — outre les substances indiquées par M. Dulong, — en même temps que de la potasse et de la strontiane, les traces de lithine.

M. Fréchou publia une très intéressante Notice dans laquelle la conclusion de ses études sur l'Eau du Gnarrou se fortifiait encore de l'ardent désir qu'il avait de voir un séduisant avenir briller sur Nérac et sur sa Garenne.

M. Fréchou disait :

« Moins fortement minéralisée que les eaux de Pou-
« gues, de Vittel, de Contrexeville ou de Capvern,
« l'eau de Lasserre l'emporte à ce point de vue sur
« celle d'Alet ou d'Evian, et peut servir d'intermé-
« diaire à ces deux Groupements. Quant à son action
« diurétique, elle ne le cède à aucune autre. Comme
« elle ne contient qu'une faible proportion de sulfate
« de chaux, elle est plus assimilable que les premières
« et plus facilement tolérée par l'estomac. On peut
« l'administrer à la dose de 4 à 6 verres, suivant les
« sujets ou les effets qu'on veut obtenir. Le poids du
« résidu salin 0.612 de l'analyse de Dulong est infé-
« rieur à celui que j'ai trouvé et qui s'élève à
« 0 gr. 773 par litre. La différence entre ces deux
« résultats tient, sans doute, à la quantité du liquide
« traité qui, pour mon analyse, a été de 20 litres.

« Il est profondément regrettable que l'eau de Las-
« serre n'ait pas été mieux utilisée jusqu'à présent,
« et que nous allions chercher bien loin ce que nous
« avons souvent près de nous.

« La Ville de Nérac est si bien située pour devenir

« une station d'eaux minérales ! Elle a ses souvenirs, « sa Garenne, site historique, ses environs d'aspect « si gracieux et si divers, ses plaines fertiles, ses « côteaux riants, le voisinage de vastes forêts de pins « dont les vents dominants de l'ouest lui apportent « les senteurs et les effluves balsamiques ! Elle a, en « un mot, toutes les séductions faites pour attirer et « fixer les pas de l'étranger, qui cherche la santé ou « les plaisirs. L'occasion s'est présentée un jour de « réaliser ce projet « Nérac, ville d'eau » ; on l'a « laissé s'enfuir, mais elle peut être ressaisie. Et c'est « alors seulement que notre chère cité Gasconne « retrouvera la vie, le mouvement, la richesse et son « ancienne splendeur. »

« E. FRECHOU. »

C'est en 1898 que M. Fréchou publiait ces lignes. La question de la restauration du Château n'était pas encore venue, pour que les deux idées pussent trouver, simultanément, une facile solution dans l'intérêt de Nérac. Aujourd'hui que l'une se réalise, qui sait si l'autre ne pourrait point éclore ?

Pendant que le chimiste révélait ainsi au monde scientifique les propriétés minérales de l'eau de Lasserre, — pendant que le docteur-médecin en entretenait les plus éminents de ses collègues, — pendant que le Sous-Préfet en causait dans les milieux officiels, le quatrième relatait dans la presse les documents d'ordre archéologique et historique qu'il avait pu recueillir. C'est ainsi que je fus amené à publier sous ma signature, à la date du 15 août 1899, dans mon « Journal de Nérac, » la légende du Gnarrou, que des quotidiens reproduisirent ; car, le Gnarrou a son histoire, mais cette histoire, à défaut de faits matériels admis en preuves, ne revêt évidemment que les couleurs de la légende en attendant que le jour vienne où des fouilles sérieuses pourront fournir d'autres précisions.

Cette légende, que je pus reconstituer à la date dont je viens de parler et qui est encore en mes mains, prend son origine dans l'époque de l'occupation romaine ; si nous nous plaçons sur le terrain archéologique, nous savons que des vestiges du temps furent retrouvés auprès de la source ; si nous prenons dans le domaine historique, on sait que les Romains de la conquête affectionnaient les vallons ayant un sous-sol calcaire à cause de la préférence qu'ils accordaient aux eaux qui pouvaient s'y trouver. Or le val de Lasserre était, à l'origine, parsemé de platrières ; il est de toute évidence qu'il vit dans ses parages un séjour prolongé des troupes de Rome.

Gnarrea était la fille unique du centurion Accridius. La mort ayant ravi de bonne heure à son affection sa mère, issue de sang patricien, elle suivit son père à travers les dangers de la conquête des Gaules. Accridius avait pour sa fille la plus tendre sollicitude et ses soldats eux-mêmes entouraient la jeune romaine du respect le plus profond.

César alors rêvait d'anéantir le pays des Gaules ou de l'écraser sous sa domination, et il avait entrepris cette longue et pénible campagne qui, dix ans après, devait faire de notre pays le tributaire du vainqueur romain.

Les hasards de la guerre firent qu'un matin la centurie commandée par Accridius se trouva campée sur un des plateaux dominant le val de Lasserre ; sur le côteau voisin une deuxième centurie avait également dressé ses tentes ; de sorte que le vallon, par suite des marches opérées pendant la nuit se trouvait, au point du jour, défendu contre toute incursion pouvant venir de la plaine.

Cette deuxième centurie venait de perdre son chef dans un vif engagement et elle obéissait à un jeune officier d'une noble distinction et d'une grande bravoure, Curtius, en qui ses hommes avaient toute confiance.

Les opérations en commun des troupes avaient établi des liens d'amitié entre les deux chefs et Gnarrea fille d'Accridius s'était senti au cœur, pour le jeune Curtius, un amour pur et profond. Le jeune et brillant guerrier n'avait pas été insensible à cet amour et souvent, durant les longs soirs d'été, les jeunes fiancés, sous l'œil paternel d'Accridius, se juraient une éternelle flamme.

Parfois la promenade et la rêverie les amenaient hors du camp et la fraîcheur qui montait du vallon les attirait là ; au bas des pentes incultes, un ruisseau courait dans le feuillage et une fontaine murmurait doucement. Curtius et Gnarrea allaient s'asseoir près de la source, bercés par le clapotis léger de l'eau et devisaient longtemps de leur union prochaine lorsque la guerre serait terminée. Mais, soit que les opérations des généraux romains eussent changé la tactique des choses, soit pour tout autre motif, il advint que les troupes d'Accridius et de Curtius séjournèrent longtemps dans le pays.

Pendant ce temps, la source du vallon, qui jusque là n'avait servi qu'à alimenter d'eau ménagère les deux camps en présence, révéla tout à coup des vertus précieuses qui firent grand bruit ; quelques hommes d'Accridius étant tombés malades, on attribua leur sort aux fatigues de la campagne mais ce fut un évènement heureux lorsqu'on s'aperçut qu'après un assez long usage de l'eau de la source ces hommes revenaient à la santé et à la vie.

La source fut dès lors l'objet d'un pieuse vénération

Or, voilà qu'un matin l'alerte fut donnée ; une forte troupe ennemie s'avançait dans la plaine en plusieurs échelons et marchait en bon ordre. Les deux centurions rassemblèrent aussitôt leurs guerriers et leur communiquèrent le courage dont ils étaient eux-mêmes animés.

La rencontre eut lieu presque au bas du coteau ; le premier choc fut terrible, la mêlée fut sanglante, finalement les romains eurent le dessus, l'ennemi fut rejeté dans la plaine où il fut un instant poursuivi puis il se dispersa, laissant un champ de bataille jonché de cadavres. Accridius rassembla ses hommes et compta ses morts : la centurie de Curtius avait été la plus éprouvée, mais, hélas ! son chef était parmi les blessés.

Gnarrea désolée se jeta sur le corps du jeune romain qu'elle arrosa de larmes, puis Curtius fut transporté auprès de la mystérieuse source où l'on pansa ses blessures ; tous soins furent inutiles, le jeune officier avait été frappé au flanc et quelques instants après il expirait dans les bras de Gnarrea, les yeux perdus dans les yeux de sa fiancée.

Il fut enterré dans le vallon ; dès lors la douleur de la fille du centurion fit peine à voir et l'inconsolable romaine n'eut d'autre pensée que de dormir son dernier sommeil auprès de celui qu'elle avait tant aimé.

Huit jours après, le camp d'Accridius était levé et la troupe partait pour rejoindre le gros de l'armée en marche vers le nord.

Lorsque la Gaule tomba, lorsque César eut fait traîner à son char de triomphe le vaincu d'Alésia, un homme brisé par les fatigues physiques et les émotions, et une jeune fille d'une grande beauté revenaient dans le val de Lasserre : c'était Accridius suivi de sa fille Gnarrea. La douleur avait fortement ébranlé le cerveau de la jeune romaine, et son père, qui ne voulait contrarier aucun désir de sa malheureuse enfant, avait consenti à venir vivre dans le pays où Curtius était mort.

Il fit bâtir à peu de distance de la source de superbes villas aux portiques de marbre blanc et rose dans lesquelles tout un peuple de serviteurs avait pour consigne de respecter les moindres caprices de Gnarrea.

La jeune fille ne parlait jamais ; hantée toujours du souvenir de son cher fiancé elle allait seule, la nuit, auprès de la fontaine miraculeuse qui avait guéri tant de soldats malades et qui n'avait pu guérir son Curtius adoré. Elle restait de longues heures auprès de cette eau limpide qui avait servi à laver le sang du guerrier expirant et emportant dans la tombe la suprême espérance.

Les serviteurs d'Accridius la voyaient passer comme un fantôme blanc, s'inclinaient sur son passage et veillaient de loin sur sa personne.

Mais le coup avait été trop fort pour la jeune fille, son cerveau ne put résister longtemps à une douleur aussi vive et, un soir d'été, Gnarrea s'éteignit doucement, ayant au cœur une dernière pensée pour Curtius.

Par les soins d'Accridius la belle Gnarrea fut enterrée auprès de la source, un riche mausolée y fut construit, et plus tard les gens du pays divinisèrent la source et la symbolisèrent en lui donnant le nom de Gnarrea, d'où vint Gnarrû, l'u se prononçant ou par corruption romane ; la source de Lasserre en est arrivée à s'appeler Gnarrou, nom qu'elle porte aujourd'hui.

Au-dessus de la source le malheureux Accridius, que la fin prématurée de sa fille avait bien frappé, fit placer une plaque de marbre avec inscription pour rappeler aux générations les faits qui s'étaient déroulés là ainsi que la légende de la source.

Cette plaque baptisait en quelque sorte la source miraculeuse qui était l'objet de fréquents pélerinages ; elle subsista jusqu'à l'époque où le mur qui abritait la fontaine s'effrita, tomba, et elle se trouva dès lors ensevelie sous les terres et les débris des roches.

Lorsque, le 16 Avril 1570, Jean Paul d'Esparbès de Lussan épousa Catherine Bernarde de Montagu qui lui apporta en dot la seigneurie de la Serre, aujourd'hui Lasserre, il entreprit la restauration et l'agrandissement du château ; on prétend qu'à cette époque des fouilles furent faites pour rechercher la plaque qu'Accridius avait fait graver afin de pouvoir ainsi restaurer la fontaine. Je ne puis rien donner de précis sur ce point et les historiens locaux qui se sont occupé de recherches géologiques dans les familles ayant habité le Château de Lasserre, depuis le XVIe siècle, n'en font pas mention. Il est probable que le temps a dû détruire ce précieux vestige, à moins que dans les travaux futurs on ne retrouve quelques débris de la dite plaque avec la suscription ; il sera permis alors d'élucider quelques points peut-être obscurs du texte romain.

Telle est l'histoire du Gnarrou qui fut vénéré dans les siècles passés et dont la réputation peut renaître dans le présent pour le bonheur des temps à venir.

Telle est la légende. Quelle est actuellement la situation des lieux ? — Ainsi que je l'exposais dans le « P.-O. — Midi — Gazette » du 5 janvier 1925, la source se perd dans les champs d'alentour ; l'eau se déverse dans un lavoir qu'abrite, ou plutôt que n'abrite plus un hangar dont le toit délabré lasse passer la pluie et le soleil dans un beau désordre qui serait plus prisé d'un peintre aquarelliste que des braves gens qui vont abreuver là leurs animaux ou laver leur linge.

La source peut-elle être captée ? Oui, très facilement, en relevant les ruines, et les techniciens assurent qu'elle peut, ainsi, donner un demi-litre d'eau à la seconde ; c'est un débit suffisant pour assurer le mouvement d'une station minérale.

Revenons au Cours Romas, et ne le quittons pas sans rappeler en quelques mots les circonstances dans lesquelles fut posée une plaque commémorative à Jacques de Romas sur la maison qu'il habita et où il mourut, aujourd'hui Maison Berthoumieu, à l'angle de la rue Armand Fallières :

Après la publication de la « Guirlande des Marguerites », vers 1880, deux Néracais, l'un jeune, l'autre d'âge mûr, conçurent le projet d'élever une statue à Jacques de Romas, le grand physicien français, une des gloires scientifiques de notre cité. Comme moyens de réalisation on envisagea des tournées de conférences et une souscription nationale ; pour cette souscription, on devait, sans autres formalités, adresser simplement une lettre-circulaire à tous les Maires en faisant appel à la générosité des Communes de France. Au surplus, les deux promoteurs de l'idée étaient assurés du concours le plus large que devait leur apporter le monde savant.

Il serait trop long de raconter ici par quelles circonstances le projet n'aboutit pas. On dut se contenter d'une plaque commémorative, espérant qu'un jour viendrait où Romas, coulé en bronze, recevrait l'hommage dû à sa mémoire.

Ce jour vint, — par d'autres voies, c'est entendu,

— mais il vint, et le 22 octobre 1911, à 10 heures du matin, la statue de Jacques de Romas, due aux initiatives de MM. les professeurs Bergonié et Courteault, était inaugurée à l'entrée du Cours qui porte son nom.

Né à Nérac le 13 octobre 1713, de Romas fut juge au Présidial de notre ville.

Ses premières expériences du cerf-volant électrique eurent lieu dans un champ situé en dehors de la ville, sur l'emplacement qu'occupe aujourd'hui le foirail. La petite rue, dite « rue du Champ de Foire » qui longe une des façades de l'Hôtel de France, a porté, vers le milieu du siècle dernier, le nom de « rue du Cerf-Volant ».

C'est le 21 janvier 1776 que l'illustre savant s'éteignit dans sa ville natale, et dans la maison que nous avons plus haut indiquée.

Cet emplacement, devenu le foirail d'aujourd'hui, et sur lequel le physicien néracais poursuivait la découverte des lois de l'électricité en même temps que Franklin en Amérique, se trouvait donc en dehors des remparts ouest de la ville.

Il demeura longtemps terrain vague, puis devint cimetière catholique jusqu'au jour où il fut transformé dans l'état où il se trouve actuellement. Les ormeaux plantés en quinconces qui étendent leur ombre sur le marché aux bestiaux avaient ainsi pris racine sur l'ancien champ du repos, lequel fut transféré à l'endroit où il se trouve de nos jours.

Pour cette transformation, les affaires n'allèrent pas toutes seules, car au cimetière catholique devait venir s'adjoindre le cimetière protestant. Celui-ci se trouvait, à cette époque, au-dessus de la Garenne, sur le sol même où fut tracé, à sa place, le Jardin Public actuel.

Cela se passait en 1832. Nous ne rappellerons pas les longues négociations qui eurent lieu entre la Commune et un propriétaire de Ste-Radegonde au sujet d'échanges de terrains. Mentionnons simplement que ce fut dans la séance du 8 novembre 1833 que le Conseil Municipal de Nérac régla les questions touchant la plantation des arbres sous lesquels désormais nos morts allaient dormir. Quant à l'étendue que devaient avoir les cimetières, la proposition d'un Conseiller qui voulait leur donner à chacun une égale superficie ne fut pas admise. Finalement, l'Assemblée communale, faisant une répartition de la population au point de vue de l'exercice du culte, s'arrêta à cinq sixièmes de terrain pour le cimetière catholique et à un sixième pour le cimetière protestant.

Au sujet de ce dernier, un fait local a marqué sa transition. Avant qu'il ne devînt le Jardin Public d'aujourd'hui, un essai de course landaise fut tenté là avec succès, et l'on put applaudir l'agilité d'un torero Néracais renommé comme sauteur. La course ne fut pas renouvelée, mais une tentative de ce genre fut reprise longtemps plus tard, en 1883. S'assimilant au goût de la population, ces divertissements tauromachiques se sont continués et constituent, tous les ans, un attrait de la fête locale sur la place de la Liberté, que le public, — indifférent aux indications des plaques bleues, — appelle communément « place des Courses ».

Revenons aux terrains qui longeaient les remparts de la ville au couchant. Là, sous l'inspiration d'un jeune Sous-Préfet, M. Haussmann, furent établies les Allées d'Albret actuelles, sur le côté desquelles fut construit en 1858 le Temple protestant, inauguré le 24 juin par MM. les pasteurs Molines et de Frontin.

Au sujet de ces Allées d'Albret, précédemment appelées « Grandes Allées », et dénommées administrativement « Route nationale d'Auch à Port-Ste-Marie », une version a longtemps circulé d'après laquelle l'établissement de cette voie aurait été l'œuvre de M. d'Etigny.

N'y a-t-il pas là une confusion et les Allées ontelles été réellement assises sur l'assiette de la route en question ?

Que M. d'Etigny, administrateur remarquable dont le nom emplit la Guyenne et la Gascogne, ait tracé la route d'Auch à Port-Ste-Marie, il ne s'ensuit pas qu'il ait établi les Allées d'Albret, quoique ces deux noms différents ne désignent aujourd'hui qu'une seule et même voie.

Il ne faut pas oublier que l'honorable Intendant d'Auch et de Pau mourut à Auch en 1769, et que, plus de vingt ans après la Révolution, les Grandes Allées n'étaient encore qu'un terrain vague et fermé. C'est donc qu'alors la route tracée par M. d'Etigny passait ailleurs. Ceci n'est pas pour ouvrir une controverse ; c'est une simple indication que nous donnons, mais elle nous parait confirmée par des documents locaux que nous croyons intéressant de faire connaître.

La lumière doit jaillir, à notre avis, d'un différend très sérieux qui eut sa répercussion au sein du Conseil municipal, et que dut solutionner le Préfet de Lot-et Garonne.

Après que la ville se fût trouvée ouverte du côté de l'Ouest par la démolition des remparts, qui suivaient la ligne des maisons actuelles et dont on voit encore des vestiges, la bande très large de terrain située au-delà des dites fortifications, depuis la route de Condom jusqu'à la route de Barbaste, était désignée sous le nom d' « Allées extérieures ». A ce sujet, le différend dont nous parlons naquit d'une contestation d'arbres ; les Ingénieurs des Ponts-et-Chaussées en revendiquaient la propriété. Le Maire, M. de Brisac, en saisit le Conseil municipal, et tous pouvoirs lui furent donnés à l'effet de défendre cette propriété devant l'Administration supérieure.

Le Maire fit remarquer que ces arbres bordent la route royale d'Auch à Port-Ste-Marie, qui traverse la ville de Nérac, mais que ladite route avait emprunté pour son assiette le sol de la commune ; il ajouta que ces arbres avaient été plantés par ses prédécesseurs, et qu'il était donc de toute évidence que la Commune avait sur eux tout droit d'élagage et de propriété.

Cela se passait dans la séance du 12 février 1815.

Les membres les plus âgés du Conseil firent observer que la route royale d'Auch à Port-Ste-Marie avait toujours traversé la ville, et non les allées extérieures, qui constituent une promenade de la Commune, et que c'était donc par abus que le passage s'était exercé là au lieu de suivre, dirent-ils, comme de temps immémorial, les rues de Condom et de Fontindelle.

D'après ces Conseillers, tous d'un âge très avancé, voici ce qui se serait passé :

Ces « Allées extérieures », servant de « promenade », étaient, avant la Révolution, fermées par des barrières. Le trafic et le passage des véhicules se faisaient par la rue de Condom et par la rue Fontindelle, soit pour aller de la direction d'Auch à celle de Port-Ste-Marie, soit pour en revenir. Pendant la période révolutionnaire, les barrières avaient été enlevées, et les gens trouvant plus de commodité à suivre les allées extérieures, le passage s'était tout naturellement établi là.

Et ici, le lecteur nous permettra d'ouvrir une parenthèse ; c'est une simple digression pour montrer qu'il existe d'autres exemples dans Nérac où le fait par le public d'avoir pris ses aises sans qu'on n'y mit opposition, il en résultait pour lui un modus faciendi qui lui paraissait acquis sinon par droit de conquête du moins par force d'habitude. Le cas peut être sans importance et n'avoir aucune conséquence fâcheuse lorsque tout se limite à un acte du populaire, et que l'Administration peut, d'un trait de plume, y mettre un terme. Cela devient autrement grave lorsque, comme dans la question des Allées extérieures, c'est une Administration publique qui prétend ou croit prétendre exercer un droit.

Le fait que nous allons rapporter est plus rapproché de notre temps.

Il y a une quarantaine d'années, un adjoint au Maire de Nérac, excellent homme tout débonnaire qui veillait avec un soin jaloux au bon entretien des places et promenades, s'aperçut, un matin, que la pelouse centrale du Jardin Public était fortement foulée ; des traces de pas marquaient un sentier naissant, partant du point où s'élève actuellement le Monument du Souvenir français et se dirigeant en diagonale vers la grille qui ferme le Jardin Public sur la route de Nazareth. M. l'adjoint crut tout d'abord qu'il ne s'agissait là que du caprice passager de quelque mauvais plaisant ; mis il ne tarda pas à s'inquiéter lorsqu'il s'aperçut que chaque jour le sentier s'agrandissait et prenait forme. Il comprit alors que les piétons qui circulaient entre Nazareth et Nérac, et qui, à l'aller comme au retour, traversaient le Jardin Public, ne voulaient plus — soit qu'ils fussent pressés, soit par simple malice — emprunter les larges allées des côtés.

— Mon dieu, se dit-il, ils ont peut-être raison ; pourquoi les contrarier, et pourquoi ne pas, au contraire, leur faciliter le passage par le chemin le plus court, puisqu'ils y trouvent une utilité.

Et le lendemain, l'adjoint fit tracer, à la place même du sentier, une petite allée rectiligne de un mètre 20 de largeur.

— De cette façon, se dit-il, ils seront contents.

Quinze jours s'écoulèrent ; lorsqu'il voulut se rendre compte des résultats de son initiative, il poussa les hauts cris. Personne ne passait par cette petite allée nouvelle, mais par contre les gens marchaient sur les talus gazonnés qui la bordaient, de sorte qu'au lieu d'un sentier sur l'herbe foulée, il y en avait désormais deux.

Le brave homme ne réfléchit pas que pendant trois jours la pluie était tombée en abondance, et que, l'allée n'étant pas empierrée, les gens passaient sur les côtés pour ne pas marcher dans la boue.

Il s'entêta, et fit fermer l'allée ; le lendemain, les barrières étaient enlevées. L'adjoint vit alors dans ces faits la manifestation d'esprits en révolte. Il se fâcha sérieusement, et voulut avoir le dernier mot. La mesure qu'il prit était plus grave : il condamna la grille qui donne accès sur la route de Nazareth.

— De cette façon, se dit-il, on ne traversera plus le Jardin. Tout le monde fera le tour par la route.

Le lendemain, les gonds de la grille avaient sauté, et le Jardin Public était ouvert à tout venant.

Décidément les choses prenaient une tournure fâcheuse.

L'adjoint fit appeler le cantonnier chef, et, dans le but de sauver les talus gazonnés, il lui commanda d'empierrer l'allée.

— Non, Monsieur, répondit le cantonnier, ne faites pas cela. Au lieu d'empierrer l'allée, ce qui déforme la pelouse, supprimez-la.

Et, comme l'adjoint ouvrait de grands yeux étonnes, se demandant comment il pourrait empêcher les gens de fouler les gazons, le cantonnier ajouta :

— Remettez les choses en l'état. Quand les piétons verront qu'ils peuvent librement passer sur l'herbe, même quand elle est noyée par la pluie alors que les larges allées des côtés sont entretenues, quand les gens verront qu'on leur permet de passer sur la pelouse, ils n'y passeront plus.

C'est ce qui advint. L'adjoint au Maire fit supprimer la petite voie nouvellement tracée, méditant sur la bizarrerie des foules, et dès ce moment, le public, qui avait toute la pelouse à sa disposition, se mit à faire le tour par la route de Nazareth.

Nous avons rappelé ce souvenir à propos des événements de 1815 au sujet des « allées extérieures », et l'on peut se demander si les Ingénieurs de cette époque, en trouvant le passage établi au travers de ces « promenades », n'avaient point présumé que la route royale d'Auch à Port-Ste-Marie passait par là, et si dès lors ils n'avaient point pris leur bien là où ils le trouvaient.

Les vieux Conseillers municipaux qui siégeaient dans cette séance du 12 février firent connaître que le sol des allées extérieures, — devenues lieu de promenade pour la population, — était autrefois inégal, montueux et parsemé d'ormes antiques ; que ce sol avait été aplani par les soins des Consuls qui y avaient fait planter les ormes que l'on y voyait à ce moment-là, et qui mesuraient déjà 30 centimètres de diamètre ; ils ajoutèrent que les mêmes Consuls avaient fait entourer cette promenade de barrières fermant à clef ; que c'était donc là une propriété de la commune et que les Ingénieurs n'avaient aucun droit sur les arbres qui la bordaient, car ce n'était pas là que devait passer la dite route royale d'Auch à Port-Ste-Marie.

Et pour mieux appuyer leurs dires, les Conseillers rappelèrent cette circonstance que M. Delhoste, propriétaire de la Verrerie, ayant une issue sur cette promenade, n'avait obtenu l'autorisation de se servir de la barrière, pour faciliter l'entrée et la sortie de son importante Usine, qu'à charge par lui de la tenir constamment fermée. Une clef lui avait été confiée à cet effet, mais à cette expresse condition.

La Verrerie, située à l'extrémité sud des Allées d'Albret, est le bâtiment de la Manufacture de chaussures Barbé et Cie.

Le Conseil municipal se rangea aux explications qui lui étaient données ; il estima que les prétentions des Ingénieurs étaient mal fondées, et que les droits de la Commune ne pouvaient être détruits pour avoir été méconnus pendant l'orage révolutionnaire.

Les motifs soumis à la délibération ajoutaient :

« La route royale fût-elle même maintenue au tra-
« vers de la promenade extérieure, les arbres récla-
« més par les Ingénieurs étant plantés au-delà des
« fossés n'appartiendraient pas à la route ; et même,
« en admettant le système des Ingénieurs, les arbres
« fussent-ils plantés sur le sol de la route, ils
« devraient être encore conservés à la Commune com-
« me partie intégrante de la promenade. »

Le Conseil délibéra, et, à l'unanimité maintint ses droits à la propriété des arbres, chargeant M. le Maire d'en donner avis à l'Administration supérieure.

Le Préfet de Lot-et-Garonne fut saisi du différend, et par lettre du 5 janvier 1816, il fit savoir à la Municipalité de Nérac qu'il considérait les arbres comme propriété de la Commune ; la Ville restait ainsi chargée de pourvoir à leur entretien, à leur élagage et à leur remplacement.

La question de ces arbres n'est ici que secondaire. Nous n'avons rappelé le différend auquel ils donnèrent lieu que pour indiquer ce qu'étaient les Allées d'Albret en 1815, c'est-à-dire quarante-huit ans après la mort de M. d'Etigny.

Que ces Allées soient aujourd'hui la route Nationale d'Auch à Port Ste-Marie, il ne s'ensuit nullement qu'elles soient l'œuvre de l'Intendant d'Auch et de Pau. Une confusion a pu naître dans les esprits ; en lisant les incidents qui furent portés devant le Conseil Municipal, on peut se demander si elles ne sont pas dues à l'initiative de M. Haussmann, jeune sous-préfet de Nérac, dont les tendances à embellir et à transformer les villes ont pu commencer de s'exercer là, en faisant des allées extérieures de jadis les belles Allées d'Albret d'aujourd'hui.

M. Haussmann, — qui fut plus tard baron Haussmann, — n'avait, en effet, que vingt-cinq ans lorsque, en 1833, il prit possession de la Sous-Préfecture de Nérac ; de là ses qualités d'administrateur devaient le conduire jusqu'aux sommets de sa carrière, en inscrivant son nom sur les murs de Paris. L'Hôtel de la Sous-Préfecture se trouvait alors dans les bâtiments occupés aujourd'hui par le Tribunal, et des pierres encore visibles à fleur de sol marquent l'emplacement de la grille qui entourait la pelouse sur laquelle s'ouvrait, au rez-de-chaussée, le cabinet du Sous-Préfet. C'est là que furent reçues les premières nouvelles de la mobilisation de 1870. La Mairie était installée à côté, dans les salles du Musée actuel et de la Bibliothèque, et c'est d'une des fenêtres de cette Mairie que fut lue aux trois mille personnes groupées sur la place du Temple (aujourd'hui, nous l'avons précédemment dit, place de la Fédération) la première dépêche parvenue de l'Assemblée Nationale de Tours.

Ce n'est que plus tard que la Sous-Préfecture fut transférée dans son Hôtel actuel, lequel avait été longtemps Etablissement scolaire. Cet Etablissement appartenait à une famille dont le chef, M. Cruzel, laissa en nos mains, lorsqu'il quitta Nérac, un document qui attestait à la fois de sa grande érudition et de son tempérament acquis aux idées avancées. C'est la profession de foi qu'il lança lorsqu'il se présenta à la députation en 1848. Le scrutin ne lui fut pas favorable ; il eut moins de succès comme candidat que comme chef d'Institution, et il parut moins s'entendre à recueillir des suffrages qu'à faire des bacheliers.

Des monuments datant de la fin de la deuxième époque ou du commencement de la troisième, nous citerons encore le Pont-Neuf, construit en 1837, et l'église St-Nicolas. Celle-ci, formant un bel édifice dans un style néo-grec, a subi pendant un temps assez long des travaux de parachèvement ; il est à remarquer que la grille qui est au levant ne fut installée que bien plus tard, et le solde de ce qu'elle coûta fut payé à son artisan en 1844.

Quel chemin parcouru depuis lors !...

Nous passerons sur les démêlés de la commune avec les dames de Ste-Claire au sujet d'une question de plantation d'arbres sur la place de Normandie vers le milieu de la troisième Epoque, et nous mentionnerons, en passant, le projet d'un Théâtre que l'on voulait y construire, — théâtre qui eût été bâti sur halle, dans le style et le goût de celui de Mont-de-Marsan.

Le Conseil, — M. le Marquis de Pompignan étant Maire, — mit les plans au concours. M. d'Ast, conseiller chargé du Rapport, conclut favorablement. Le plan Menjoulet fut adopté; la dépense devait être gagée sur un emprunt de 80.000 francs. Mais, en dernier lieu, la Commission nommée à cet effet se prononça contre le projet, estimant que les revenus seraient insuffisants, et la construction fut rejetée dans la séance du 7 juin 1845.

Les événements, à présent, se rapprochent de plus en plus.

Rappelons, en deux mots, l'émoi qui s'empara, en 1843, de la Municipalité, — M. Détrois étant Maire, — lorsque le Conseil fut saisi d'une pétition de onze propriétaires riverains du Jardin du Roi qui se prétendaient propriétaires de la fontaine de Las Poupetos. Le parti le plus sage que suivit tout d'abord le Conseil municipal en pareille circonstance fut de recourir à l'origine d'acquisition des terrains du Jardin du Roi par les pétitionnaires en question.

Mais, au même moment, d'autres propriétaires riverains écrivirent au Maire pour lui demander d'urgence que des réparations fussent faites par la Ville à la dite fontaine. Ceux-là, dont les jardins confrontaient au monument, non seulement n'en revendiquaient point la propriété mais reconnaissaient, par le caractère même de leur demande, que la fontaine appartenait bien à la Commune.

La ville n'eut pas à se dessaisir, mais les réparations ne furent pas faites et la coquette fontaine a vu s'effriter toute la joliesse d'une architecture dans laquelle s'était exprimé l'art des Médicis.

Et nous voici, maintenant, au seuil de la restauration du Château.

Trois immeubles ou parties d'immeubles en cachaient hier encore la vue. Lorsque ces constructions, — qui avaient été acquises sous une précédente Municipalité, et pour le prix desquelles M. Lasmolles, adjoint, avait, en son temps, négocié avec leurs propriétaires, — lorsque, disons-nous, ces constructions ont été rasées, alors la Galerie renaissance est apparue entière dans son ampleur artistique.

A l'heure où nous traçons ces lignes, les décombres à peine enlevés, des ouvriers édifient la banquette de pierre qui, surmontée d'une grille, séparera la rue Henri IV de la Cour du Monument.

Avant de clore cette Monographie, le lecteur nous saura gré de le promener à travers la demeure des rois de Navarre qui fut le berceau des d'Albret. Après avoir rappelé, dans les pages qui précèdent, quelles furent ses étapes successives, voyons quelle était sa configuration extérieure et intérieure.

Le Château se composait de quatre corps de bâtiment encadrant une vaste cour, le tout formant un ensemble trapézoïdal fortifié par une grande tour ronde à chacun des quatre angles, et entouré de fossés sur trois faces.

L'entrée principale se trouvait au milieu de l'aile occidentale, qui venait en bordure du terrain formant actuellement la place du Marché au blé. Cette place était, à cette époque, plantée de chênes séculaires réunis en quinconces laissant passage à l'avenue du Château. Le fossé longeant cette aile occidentale était franchi à l'aide d'un pont-levis qui se relevait tous les soirs et venait se rabattre en hauteur sur les deux tourelles d'entrée, — tourelles armées de tous les systèmes de défense, machicoulis, meurtrières, créneaux, et aménagées tant pour la manœuvre du pont-levis que pour le service du guet.

Ces deux tours d'angle étaient reliées entr'elles par une petite galerie passant au-dessus de l'entrée principale ; chacune d'elles était, en outre, desservie par un escalier prenant naissance dans la cour. Grâce à cette disposition, les deux tours pouvaient être immédiatement occupées par les hommes du poste ; tout était prêt ainsi pour parer à une attaque soudaine.

L'aile occidentale était donc sur l'emplacement qu'occupe aujourd'hui la ligne formée par l'ancienne boulangerie Colin et les immeubles Salles-Lescure. Elle partait, de cette façon, du fossé nord, dont la plus grande partie existe encore derrière les maisons Deltrieu, et aboutissait au fossé sud, sur l'emplacement duquel se trouve aujourd'hui l'avenue de Mondenard, ancienne rue du Manège.

Elle comprenait le petit poste des tourelles, le logement des hommes de garde et des serviteurs, les cuisines et les services annexes.

On remarquera, formant mur de séparation avec le théâtre et dominant ce dernier, un plan vertical terminé en angle aigu à son sommet, et supportant les deux versants de la toiture du Château. C'était là que s'arrêtait l'aile nord existante ; elle n'était donc point contiguë à l'aile occidentale dont nous venons de parler ; elle n'était reliée à cette dernière que par un corps de bâtiment moins élevé, qui servait de poste principal, et ce corps de bâtiment lui-même était séparé de l'aile nord par un passage couvert. Ce passage, large de douze mètres environ, servait au rassemblement des troupes affectées à la garde du château. C'est sur son emplacement que se trouve l'assiette actuelle du Théâtre, et le cintre qui domine la scène, à l'endroit même où le rideau est suspendu, n'est autre qu'un des arceaux de la voûte qui couvrait ledit passage.

Sous cette voûte, une porte à gauche communiquait avec le poste ; une porte à droite communiquait avec le grand corps de garde où se tenaient les services de la relève, et dont nous allons parler plus loin.

L'aile sud venait rejoindre l'aile orientale qui regardait la Baïse, mais son emplacement n'était point, comme l'on serait tenté de le supposer, sur la ligne des maisons construites en bordure de l'avenue de Mondenard ; tous ces immeubles empiètent sur ce qui fut la cour du château ; en effet, le vaste puits qui, à l'origine, se trouvait dans cette cour, à l'angle intérieur de l'aile sud et de l'aile orientale, est aujourd'hui dans la maison portant le numéro 8 de l'avenue de Mondenard et occupée par M. Berthoumieu, agent général d'assurances. Il a servi, pendant de longues années, à alimenter d'eau une Distillerie qui était installée là ; muré actuellement, peu de personnes l'y soupçonneraient ; il se trouve à dix mètres de l'alignement des maisons du côté de la rue Henri IV, et à vingt-cinq mètres de la façade actuelle du château. Les constructions édifiées sur l'emplacement de l'aile sud ont donc empiété de dix mètres sur la cour, — laquelle mesurait à cet endroit trente-cinq mètres de largeur.

Dans l'aile sud, le premier étage était affecté aux appartements des princes, princesses et autres dignitaires de la Cour. A l'extrémité, qui formait angle avec l'aile orientale, Antoine de Bourbon eut sa chambre ; la pièce était éclairée par une haute fenêtre donnant au midi avec vue sur le Jardin du Roi ; elle communiquait avec le cabinet de travail, lequel donnait au levant avec vue sur la Baïse.

Le roi de Navarre, qui avait une prédilection pour le métier des armes, avoisinait ainsi le service de ses écuyers qui se réunissaient dans une très vaste salle occupant presque tout le rez-de-chaussée, et pouvait surveiller, du côté du Manège, les mouvements de sa cavalerie qu'il affectionnait tout particulièrement.

Cet appartement d'Antoine de Bourbon fut habité par Henri IV enfant. Plus tard, lorsque ce dernier devint à son tour roi de Navarre, il transporta son cabinet de travail à l'extrémité opposée de l'aile orientale et fixa son appartement dans l'aile nord contre la tour qui subsiste. Les deux pièces communiquaient entr'elles ; la première, dans laquelle les Ministres avaient accès, prenait vue sur la Baïse ; la seconde, qui était la chambre du roi, s'éclairait par deux hautes fenêtres, donnant l'une sur le fossé où elle est encore visible, l'autre sur la galerie où elle a été en partie murée.

Cette chambre avait été l'appartement privé d'Henri Ier d'Albret ; les appartements de sa royale épouse Marguerite d'Angoulême y faisaient suite, mais les portes ne livraient passage au Souverain maître de ces lieux que lorsque cela plaisait à la reine. Henri IV, qui n'avait pas les goûts d'Antoine de Bourbon et qui, sans être indifférent aux exercices du Manège, aimait cependant mieux contempler du haut de la Galerie les nobles dames qui évoluaient dans la cour du château, avait pris la chambre du grand-père ; c'était au début même de son mariage, à l'époque des Conférences de Nérac, — époque où les brouilles du jeune couple royal ne le cédaient en rien aux dissensions qui avaient troublé le ménage des grands-parents. Mais le Béarnais avait un autre tempérament que le mari de la première Marguerite ; son caractère a démontré qu'il n'avait nul besoin, pour se convaincre des beautés qui occupaient les pièces voisines, qu'on lui ouvrît la porte de communication.

L'aile orientale, qui faisait face à la Baïse, comprenait la Salle du trône et la Salle du conseil, les salons de réception, les salles de jeu et de réjouissances, les appartements des hauts personnages de la suite du roi.

Au rez-de-chaussée s'amorçait un perron extérieur donnant sur un escalier qui descendait jusqu'à l'esplanade du château, et, en face de cet escalier, se dressait la tour « cavalier », tour imposante et armée, disposée en sentinelle. Dans cette tour, aménagée pour le guet, un escalier à vis permettait de descendre jusqu'au niveau des berges de la Baïse ; à cet endroit, on franchissait la rivière moitié sur un pont-levis commandé par cette tour, et moitié sur pont en maçonnerie qui lui faisait suite se prolongeant jusqu'à la rive opposée ; ce pont en maçonnerie était à demeure et l'on aperçoit encore les fondations de son avant-bec dans la Baïse quand les eaux sont basses. De la sorte, lorsque, le soir, le pont-levis était hissé, la rivière rendait impossible l'accès du château.

Ce pont, exclusivement réservé aux personnages de la Cour et aux gens de la suite, était très étroit et ne permettait qu'un passage à pied ; il facilitait la sortie sur le parc royal.

L'esplanade du château, plantée d'arbres, s'ornait de deux escaliers, l'un à droite descendant à la terrasse nord, l'autre à gauche descendant à la terrasse sud ; cette dernière, parsemée d'arbustes de différentes essences, dominait un escalier très large qui commandait l'entrée du « Jardin du Roi ».

Telles étaient les dispositions extérieures de cette aile orientale.

Le marteau de la Révolution abattit trois côtés de l'important Monument. L'aile nord montre les traces de successives transformations, mais elle possède encore dans ses principales dispositions intérieures, ainsi que nous allons le voir, des vestiges très précieux de sa construction primitive.

Et d'abord, dans quel état se trouvait l'entier château longtemps même avant sa destruction? Il était dans un état assez complet de délabrement. Déjà, lorsque le duc de Bouillon en fit faire le constat, l'officier ministériel chargé de ce soin, le sieur Dancinanges, greffier, constata partout des vitres cassées, des portes endommagées, des pans de maçonnerie effritée, des boiseries dont les panneaux avaient sérieusement souffert. Une copie du procès-verbal de ce constat, qui parvint en nos mains en 1881, et dont nous préparions, — M. Faugère-Dubourg et moi, — une édition annotée, ne contient pas moins de vingt pages manuscrites d'une écriture assez serrée et sans alinéas.

Et maintenant, plaçons-nous en face de cette aile nord qui n'attend plus que les ouvriers spécialistes du bâtiment chargés de lui redonner la fraîcheur et la vie.

Que voyons-nous, et que disent les pierres ?

Tout d'abord, à gauche, apparait dans le toit une large section, comme si le château avait été coupé en deux, laissant une brèche de sept mètres environ. Dans ce vide énorme, une construction ne remontant pas à une date très reculée s'est enchâssée et a servi d'habitation à divers particuliers. Immédiatement au-dessous du toit, la galerie en bois que l'on aperçoit entre deux colonnes limitait un étage également habité ; au-dessous encore, l'étage avait ses locataires ; enfin, au rez-de-chaussée, une famille y a gardé pendant plus de trente ans son domicile. De sorte que si nous prenons le monument au pied, nous voyons qu'à cet endroit la façade est restée intacte jusqu'aux

Cliché Gaure, Nérac



Etat actuel de l'aile Nord du Château HENRI IV en voie de restauration.
*(Galerie Renaissance.)*

cariatides des colonnes, mais que l'intérieur du château s'est trouvé évidé. A quelle époque et comment cette section s'est-elle produite ? Est-ce par incendie ? Est-ce par commencement de destruction ? Sur ce point, les précisions font défaut ; toujours est-il que fort heureusement les colonnes sont restées debout avec leurs arceaux. Dans la brèche en question, de modestes logements furent établis au cours des temps ; ils formaient donc trois étages, outre le rez-de-chaussée ; là, quatre ménages ouvriers y ont vécu.

Au centre de la façade du château, une petite porte s'offre au visiteur ; cette porte ouvre sur un couloir. A droite, en entrant, un escalier descend dans un souterrain dirigé vers la droite, et qui est muré à dix mètres plus loin ; ce souterrain tournait à droite sous l'aile orientale et allait desservir la tour « cavalier » en cas d'alerte ; la tour, à son tour, par son colimaçon intérieur, approvisionnait les berges de la Baïse de troupes suffisantes pour la défense. A gauche du couloir, en entrant, est un arceau muré ; c'était l'entrée du souterrain qui allait rejoindre l'aile occidentale et aider à la défense de l'entrée principale du château. Au reste, les souterrains avaient des entrées et des sorties nombreuses, parfois dissimulées et servies par des escaliers très étroits ; ces souterrains aboutissaient tous, par ramifications, à un rond-point central situé au milieu du sous-sol de la cour ; de là, ils partaient dans plusieurs directions, dont trois principales : une ligne allait vers le portal de Condom, une autre vers le portal de Marcadieu, la troisième vers le portal de Fontindelle. Entre ces lignes, d'autres moins importantes s'embranchaient pour former l'éventail et concouraient ainsi à une défense rapide des murs de fortifications.

Enfin, au fond du couloir, une porte à droite fait

accéder à une grande chambre dont la voûte en ogive est sur nervures de pierres ; deux pièces plus petites y sont accolées, voûtées égalcment sur nervures, éclairées par des « jours » étroits, épousant le demi-cintre de la galerie, et donnant sur la cour. A chaque angle de ces pièces est une cariatide supportant la nervure, tantôt usée par le temps et impossible à déchiffrer, tantôt très bien conservée. Ce qui frappe le visiteur qui observe ces cariatides, c'est leur diversité ; toutes ont leur signification, et chacune d'elles rappelle un âge différend dans la généalogie des anciens maîtres du lieu.

Et ceci nous ramène à l'opinion que nous avons émise dans l'exposé de la deuxième Epoque, à savoir que les armoiries se succédaient ou se mélangeaient à mesure que l'arbre généalogique des d'Albret étendait ses nombreux rameaux. C'est ainsi que dans ces deux petites pièces du rez-de-chaussée, — lesquelles devaient être des cabinets de toilette, — une des nervures supportant la voûte repose d'un côté sur un simple mascaron, de l'autre côté sur une hermine de Bretagne ; le mascaron, qui est usé, est appliqué contre le mur intérieur qui sépare ce cabinet de toilette de la chambre dont il était le complément ; l'hermine, qui est bien conservée, est appliquée contre le mur extérieur qui soutient la Galerie.

Cela provient de ce fait que la sculpture de l'hermine fut bien postérieure à celle du mascaron, puisque la galerie en saillie ne vint que longtemps après la construction primitive ; elle fut l'œuvre, nous l'avons dit, d'Alain d'Albret qui avait épousé Françoise de Bretagne.

Cette particularité se retrouve dans toutes les pièces du rez-de-chaussée voûtées sur nervures.

La chambre dont nous venons de parler ne pouvait

servir qu'à un personnage de la suite, car un petit escalier de pierre communique directement avec la galerie, sur laquelle s'ouvraient les appartements royaux.

A gauche du Monument et contigu au Théâtre, est un avant-corps empiétant de 3 m. 50 sur la cour et ayant l'entrée latérale ; lorsqu'on franchit cette entrée, qui est très basse, on se trouve dans un réduit, sorte de couloir très étroit fermé en face de soi par un mur, ouvert à droite par une porte donnant accès dans une pièce vaste et superbe, dont la voûte repose sur douze nervures rejoignant des écussons en relief, au chiffre d'Amanieu, et offrant un grand style de construction. Une large et haute cheminée de pierre tient presque tout le côté gauche de la pièce. Auprès de cette cheminée est la porte qui communiquait avec le passage couvert dont il a été parlé.

Cette pièce, une des plus belles du rez-de-chaussée par l'ensemble de ses nervures, n'avait d'autre entrée que la porte que nous venons de signaler au fond de ce petit couloir qui s'offre à droite quand on franchit le seuil latéral de l'avant-corps ; mais le mur que l'on a, alors, devant soi, n'existait pas à l'origne ; ce mur cache aujourd'hui l'emplacement où se trouvait un escalier de pierre accédant à la galerie ; cet escalier n'est plus ; sur ses vestiges s'est établi, au cours du temps, un escalier en bois présentement vermoulu, en partie détruit par l'humidité. De la galerie, un autre escalier de pierre, en colimaçon et moins large, conduisait aux combles.

La porte extérieure que l'on remarque du côté du théâtre, vint, par la suite, ouvrir sur la grande pièce aux douze nervures dont nous parlons plus haut ; elle date seulement de la construction de la galerie ; quand on l'examine du dedans, on voit que pour pratiquer cette entrée on dut sectionner, — et c'est dommage, — la belle moulure de pierre qui court, sur les quatre côtés, à la base de la voûte. Ici, comme dans les autres chambres, les cariatides supportant les nervures sont diverses. Celles qui sont appliquées contre le mur surplombant le fossé nord représentent les vaches de Béarn et sont dans un état parfait de conservation ; ce qui indique qu'elles sont moins anciennes que les autres ; cela nous confirme encore que ces cariatides montrant une vache accroupie ont dû remplacer des mascarons usés datant de l'origine, puisque l'écu de Béarn n'a surgi dans les armoiries que postérieurement à la construction primitive. La cariatide de droite est allégorique : elle représente une vache mordant la queue d'un dauphin ; sa sculpture est en parfait état.

Une autre porte extérieure faisant pendant à celle de gauche, se trouvait à droite, près de la tour existante ; mais celle-ci a disparu, et à sa place se voit aujourd'hui une large ouverture servant d'entrée pour une pièce qui a longtemps tenu lieu de dépôt de marchandises ou de matériaux, au profit de quelques particuliers.

Enfin, tout près de la petite porte située au centre de la façade est l'entrée de la chambre dont il a été parlé au cours de ces pages, et à la voûte de laquelle se voient les chiffres d'Amanieu et d'Alain d'Albret.

Tel est l'état actuel de l'aile nord.

Ce sont ces vestiges restaurés que Nérac offrira à la visite des touristes. Notre ville, on le sait, est à tous égards des plus accueillantes. Bien ouverte dans son tracé, embellie par le progrès, l'ancienne capitale de l'Albret est l'objet de la sollicitude de l'Administration municipale.

Que restera-t-il de l'ancienne demeure royale ?

Une Galerie, dira-t-on. C'est vrai, mais une galerie

qui forme, à elle seule, tout un côté du beau Monument qui vit resplendir une Cour des plus brillantes.

Quelque infime que soit le vestige qui rappelle une gloire, le Présent se doit à lui-même de le disputer aux morsures du Temps et de le transmettre aux générations qui suivent. C'est par un même sentiment que chaque pays garde un culte aux beautés de son histoire. La Grèce conserve pieusement quelques portiques qui furent les temples de ses dieux. L'Italie entretient des ruines qui virent l'apogée de la Puissance romaine. Un tronçon de colonne rappelle Trajan. Plus près de nous, Bordeaux montre dans leur masse imposante quelques arceaux qui furent le Palais Gallien.

Nérac conservera un coin de son Château. Et quel coin ! Celui qui abrita le mouvement littéraire de la Renaissance.

Déjà dans une séance du Conseil Municipal du 11 août 1844, M. Samazeuilh avait demandé que le Conseil émît un vœu en faveur de l'acquisition du Château par l'Etat, et de son affectation au service des Archives et des Tribunaux.

L'Etat n'a pas acquis ce qui reste de ce qui fut le siège de la Cour de Navarre, mais grâce à l'intérêt que portent aux gloires de notre cité M. Paul Courrent, Maire de Nérac, et ses collaborateurs de la Municipalité et du Conseil, l'Administration des Beaux-Arts étend sur ces vestiges un bras tutélaire.

Nous devons leur savoir gré de la pieuse pensée qui les a guidés en sauvant de l'oubli la demeure du Roi Galant. La population les en remercie.

C'est par de tels actes de louable initiative qu'une Ville peut continuer sa vie.

Et j'arrête cette Monographie au seuil d'une Epoque qui commence, d'une Epoque où le Progrès suit sa course incessante, où les forces inconnues de la Nature ouvrent à l'Humanité des horizons toujours nouveaux.

Ainsi s'établit le chaînon entre l'Avenir que rien n'arrête et le Passé qui ne meurt pas.

Marcel DUREY.

*Nérac, Mars 1926.*

# NOMS DES SOUSCRIPTEURS

## Par Ordre Alphabétique

M. Ader Joseph, propriétaire, Nérac.
M. Ader Etienne, comptable, Nérac.
M. Amblard, ancien Conseiller général, Agen.
M. Bosseront d'Anglade, château de Andiran.
M. d'Arbon Xavier, château de St-Loup, Montagnac.
Archives des Basses-Pyrénées, Pau.
M. d'Arodes de Peyriague Raoul, Lannes.
M. d'Artenset de la Farge, ch. La Hitte, Moncrabeau.
M. Artigaux, adjoint au Maire, Fréchou.
M. Audhuy, avoué, Nérac.
M. Augé, café Marcadieu, Nérac.
M. Aunac, banquier, Agen.
M. Azéma, bijoutier, Nérac.
M. Baboulène, instituteur, Montagnac.
M. Banos, domaine de Bourdineau, Fargues.
M. Barbe, libraire, Nérac.
M. le Dr Barbier de La Serre, Agen.
M. Barès, notaire, Casteljaloux.
Mme Barroque, Toulouse.
M. Bastard, Ing. des T. P. de l'Etat, Mézin.
M. le Colonel de Batz, château Guillery, Lavardac.
M. Baudichon, agriculteur, Ste-Bazeille.
Mlle Jeanne Baudot, Bruxelles.
M. Baudouin, négociant, Nérac.
M. Baudy, inspecteur primaire honoraire, Nérac.
M. Baylin, château de Boué, Moncrabeau.
Mme Bayne, sage-femme, Nérac.
M. Bazillou, Hôtel de France, Nérac.

M. Beaumartin, négociant, Bordeaux.
M. Beaumont, propriétaire, Sos.
M. Bellot, propriétaire, Nérac.
M. Belly, direct. hon. d'Ecole pratique, St-Pierre-de-Buzet.
M. Bernadet, industriel, Laluque.
M. Bernède, propriétaire, Nérac.
M. Bernès, juge de Paix, Lavardac.
M. Berretté, propriétaire, Nérac.
M. Berthoin, Sous-Préfet, Marmande.
M. Berthoumieu Gaston, Assurances, Nérac.
M. Berthoumieu Georges, épicier, Nérac.
Mme A. Bertrand, de Monluc, St-Léger.
M. Bertrand, comptable, Bordeaux.
M. Bertrand, employé des P. T. T. Paris.
M. le chanoine Bié, archiprêtre, Nérac.
Bibliothèque de la Ville de Pau, Pau.
Bibliothèque scolaire, Fréchou.
M. Bigos, forgeron, Fréchou.
M. Blanc, négociant, Nérac.
M. Bonnet, herboriste, Nérac.
M. Bonnefon Joseph, propriétaire, Nérac.
M. Bonnefous, propriétaire, Agen.
M. Boudon Gérard, officier mécanicien de 1ère classe, Nérac
M. Bourdens, château de Quissac, Lasserre.
M. Bourgade, Paris.
M. Bourrousse, négociant, Nérac.
M. Brach, Fréchou.
M. le docteur de Brianson, Versailles.
M. Bridenne, procureur de la République, Nérac.
M. Broc, maire, Francescas.
M. Van den Broeck, inspecteur d'assurances, Bordeaux.
M. Broqua, négociant, Nérac.
M. Bruel, receveur des Contributions indirectes, Nérac.
M. Brun, huissier, Mézin.
M. Brun, notaire, Nérac.
M. Bruno, propriétaire, Lavardac.
Mme Buffandeau, Nérac.
M. Buteau, juge au Tribunal civil, Agen.
M. Cachot Abel, Talence.
M. Cailleau, propriétaire, Nérac.
M. Calvet Valéry, Sos.
M. Cambre, avocat, Nérac.

M. l'abbé Gampistron, curé de Tombebœuf.
M. le Capitaine Camus, 9e d'Infanterie, Agen.
M. Capot Louis, cycles, Nérac.
M. Paul Capitaine, Bordeaux.
M. Carrat, Instituteur adjoint, Nérac.
M. Carrère, Sénateur de Lot-et-Garonne, Ste-Livrade.
M. Carrère Alban, Nérac.
M. Cassaigne, médecin-dentiste, Nérac.
M. Castaing Théophile, Agen.
M. le commandant Castaing, 9e d'Infanterie, Agen.
M. Castéra, Ingénieur des P. et Ch. en retraite, Nérac.
M. Castex Henri, Cie des Ch. de fer du Midi, Toulouse.
M. Castex, propriétaire, Damazan.
M. Castex Jean, Nérac.
M. Castres, château Cazaou du Bos, Nérac.
M. Cayre, assurances, Agen.
Mme Célerier, Pont-de-Bordes.
M. Cerciat, Instituteur, Moncaut.
Mme Chabran, Nérac.
M. Chaillot Georges, avocat, Paris.
M. Chapoulié Sylvain, Paris.
M. Chauchat, château d'Arconques, Espiens.
M. Chocard, Domaine de Bergès, Vianne.
Mlle Cier Hélène, Damazan.
M. Claudin Ulysse, Beauziac.
Mlle Claverie, Agen.
M. Claverie André, négociant, Nérac.
M. Coiquaud, Dr de l'Ecole Supérieure, Nérac.
M. le docteur Colin, Nérac.
M. Colin, commis de Trésorerie, Agen.
M. Coll père, propriétaire, Nérac.
M. du Cos de St-Barthélémy, château de Bax, Francescas.
M. Couach, greffier, Francescas.
M. Couderc Georges, Imprimeur, Nérac.
M. Couffignal, employé des P. T. T., Nérac.
M. Couffignal, instituteur adjoint, Villeneuve-sur-Lot.
M. Couloumé, propriétaire, St-Laurent.
M. Courrèges, Conseiller honoraire, Meilhan.
M. Courrent Paul, avocat, maire, conseiller général, Nérac.
M. Courtiade Paul, Paris.
Mme Cramaix, Nérac.
M. Cussol, assurances, Nérac.

Mme Damas, née d'Aydie, château de Garderon, Bretagne d'Armagnac.

M. Darlinde, receveur des Finances, Marennes.

M. Daron, boucher, Nérac.

M. Darqué, boulanger, Nérac.

M. Darroussat, facteur des Postes, Nérac.

M. Dastros, notaire, Buzet.

M. Dauba Henri, secrétaire à la Sous-Préfecture, Nérac.

M. Daubas Jean, Paris.

M. David de Lavergne, négociant, Lavardac.

M. Deblaye, propriétaire, Virazeil.

M. Delas de Soulages, Nérac.

M. Delsus Maurice, Nérac.

M. Deltrieu Emile, Nérac.

Mme Descomps, Nérac.

M. Destribois, propriétaire, Toulouse.

Mlle Detrois, institutrice, Nérac.

M. de la Devèze de Charrin, chât. de Charrin, Moncrabeau.

M. l'abbé Victor Donis, curé de Durance.

M. Doux, négociant, Bagnères-de-Bigorre.

M. le Docteur Dubarry, Casteljaloux.

M. A. Dubédat, Pont-de-Bordes.

M. l'abbé Dubédat, curé de Sos.

M. Dubernet, négociant en vins, Nérac.

M. Dubéros, teinturier, Nérac.

M. l'abbé Dubois, curé de Calignac.

M. Dubos Pierre, Neuilly-s-Seine.

M. Dubourdieu, Ex. Directeur de l'Ecole Supérieure, Nérac.

M. Dubroca, Entrepreneur, Nérac.

M. Ducos, instituteur-adjoint, Nérac.

M. Ducuing, Instituteur, Fréchou.

M. Duffau, préposé en chef de l'octroi, Nérac.

M. Dufils, juge de Paix, Casteljaloux.

M. Dulau, fleuriste, Nérac.

M. le commandant Dulin, Nérac.

M. Dulong, cons. d'arr. adjoint au Maire, Nérac.

M. Duméry Alexandre, à Ambatondrazaka, Madagascar.

Mme Dumesnil, née Faugère Dubourg, chât. Lassagne, Moncrabeau.

M. Dumeste Albert, à Argentens, Nérac.

M. Gabriel Dupin, arbitre de Commerce, Nérac.

M. Abel Dupin, négociant, Bayonne.

M. L. Duplan, Industriel, Nérac.
M. Duplan, régisseur, château Laclotte, Fréchou.
M. Dupont Pierre, Toulouse.
M. Dupouy, Industriel, Nérac.
M. Dupouy Donatien, Nérac.
M. Dupouy, conseiller d'arrondissement, Lasserre.
M. Duprat René, négociant, Nérac.
M. Daneau Dupré de Pomarède, Nérac.
M. Dupré de Pomarède, château Pomarède, Moncrabeau.
M. Durey André, Procureur de la République, Lesparre.
M. Durrat, Bibliothèque municipale, Nérac.
M. Durtaud, boucher, Nérac.
M. Dussaubat, Industriel, Mézin.
Mme Pierre Elloy, Nérac.
M. Escoubet Alexandre, Nérac.
M. Escoubet Joseph, Nogaro.
M. le Président Armand Fallières, à Loupillon, Mézin.
M. Fallières André, Sous-Secrétaire d'Etat, Paris.
M. Faubet, conducteur des P. et Ch. en retraite, Nérac.
M. Faugère, Sous-Préfet de Nérac.
M. Favre Léopold, négociant, Eauze.
M. Fieux, Président du Tribunal civil, Nérac.
M. Fondet, négociant, Sos.
M. Fontenelle Emile, ameublement, Nérac.
M. Fort, fabricant de chaussures, Nérac.
M. Fortin percepteur, Francescas.
M. Fourteau, ingénieur au P. L. M., Paris.
M. Fruteau, maire, Nomdieu.
M. Galie Emile, pépiniériste, Nérac.
M. Garas, juge de Paix, Gabarret.
M. Garros, professeur au Lycée de Nice.
M. Gastou, agent d'affaires, Nérac.
M. Gaube Edouard, Ste-Maure.
Mlle Gay, Directrice de l'Ecole des Filles, Nérac.
M. de Gélas, château de Castéron, Moncrabeau.
M. Girot Georges, Mézin.
Mlle Thérèse Goua, Nérac.
M. Grassi, cultivateur, Nérac.
M. Grézet Elie, négociant, Nérac.
M. Hautempenne Joseph, Talence.
M. Haut de Cœur Roger, officier d'administ., Castres.
M. Hébert René, Mézin.

M. Hougas, négociant, Nérac.
M. Josié, boulanger, Nérac.
M. Joyé, pharmacien, Nérac.
M. Klein, propriétaire, Sos.
M. Labadie Gabriel, coiffeur, Pantin.
M. Labadie Raoul, coiffeur, Nérac,
M. Labadie, négociant, Nérac.
M. Labadie Abel, antiquaire, Nérac.
Mlle Paule Labat, Nérac.
M. Labarthe, adjoint au Maire, Nérac.
M. Labrosse, représentant, Condom.
M. Labrouche, Paris.
M. Laborie, coiffeur, Nérac.
Mme Laborie, café du Théâtre, Nérac.
M. Lacroix, propriétaire, St-Pierre-de-Buzet.
Mlle Lafargue, Toulouse.
M. Lafargue, percepteur, Casteljaloux.
M. Lafargue Abel, Nérac.
M. Lafitte Albert, négociant, Nérac.
M. Laffitte Jean, Poudenas.
M. Lafont, Dr de l'Usine à gaz, Nérac.
M. Lafont, directeur d'Ecole, Villeneuve-s-Lot.
M. Lafontan, Casteljaloux.
M. Laforge Abel, Nérac.
M. de Lagarde, château de Gueyze, Feugarolles.
Mlle de Lagonde, château de Laclotte, Fréchou.
M. Lajus, Président du Tribunal civil, Le Mans.
M. Lalanne, négociant, Nérac.
M. Lalard, serrurier, Nérac.
M. de Lalyman, château de Carboste, Mézin.
Mme Lamadē-Barrère, Nérac.
M. Lambert, au Jardin du Roi, Nérac.
M. Lange, négociant, Nérac.
M. de Lapeyrière, château du Mirail, Damazan.
M. Lapontérique, négociant, Mézin.
M. G. Laporte, château Montesquieu, Réaup.
Mme Albert Laporte, château La Tuque, Mézin.
M. L. Laporte, négociant, Nérac.
M. G. Leygues, Ministre de la Marine, Paris.
Mme Larrieu, Nérac.
M. Larroche Pierre, Toulouse.
M. Lartigue, propriétaire, Casteljaloux.

Mme Lasartigues, Paris.
M. Lascombe, négociant, Nérac.
M. Lasmolles Lucien, Prés. du Trib. de Commerce, Nérac.
M. Lasmolles Jean, Nérac.
M. Lasportes, négociant, Nérac.
M. Lasserre, directeur des Brasseries, Nérac.
M. Laubenheimer André, Nérac.
M. Laubenheimer Jean, Nérac.
M. Laubenheimer Jacques, Nérac.
M. Lavergne, château de Moriet, Nérac.
M. Lécru, négociant, Moissac.
M. le docteur Lerou, château Mazelières, Nérac,
M. Lespiault, distillateur, Bayonne.
Mme la Vicomtesse de l'Estoile, château de St-Loup, Montagnac.
M. Lestrade, épicier, Nérac.
M. Lhérisson, représentant, Tarbes.
M. Lhérisson, assurances, Nérac.
M. Lignac, receveur municipal, Nérac.
M. de Lisleferme, château de Horton, Andiran.
M. Guy de Lisleferme, Nérac.
M. Lorber, archiviste des Basses-Pyrénées, Pau.
M. de Lucenay, château du Pin, Nérac.
M. de Lussy, château de Castelviel, Feugarolles.
M. Lussagnet, propriétaire, Espiens.
M. Machet fils, négociant, Nérac.
Mlle Machet, institutrice adjointe, Francescas.
M. l'abbé Maille, curé de Vianne.
M. Maillé, pâtissier, Lourdes.
Mairie de Lannes.
Mairie de Durance.
Mairie de Vianne.
Mairie de Lasserre.
Mairie de Francescas.
Mairie de Moncrabeau.
M. Malbec, négociant, Casteljaloux.
M. le docteur Malbec, Paris.
M. Mallandit propriétaire, Nérac.
M. Manciet, assurances, Nérac.
M. Marabail, médecin vétérinaire, Nérac.
M. l'abbé Marboutin, curé de Dolmayrac.
M. Marraud, sénateur de Lot-et-Garonne, Beauville.

Mme Marrens, institutrice, Moncrabeau.
M. Martin, greffier du Trib. de Commerce, Nérac.
M. Martin, capitaine d'Artillerie, Versailles.
M. Martin, maire de Buzet.
M. Mathieu, Préfet du Tarn, Albi.
M. Massignac, libraire, Pau.
M. Maurel, notaire, Bruch.
M. Mazérès, Juge de Paix, Cazaubon.
M. Van Meerbeeck, Bruxelles.
M. Mellac, notaire, Nérac.
Mme Metge, Nérac.
M. Michel, négociant, Nérac.
M. Micoine, négociant, Nérac.
M. Miguel, typographe, Nérac.
M. Minière, château Frinestes, Nérac.
M. Mirane, propriétaire, Bazas.
M. Mispoulet, fondé de Pouvoirs de Trésorerie, Limoges.
Madame Mitelhauser, Montauban.
M. le docteur Molines, Nérac.
M. Molinié, instituteur, Moncrabeau.
M. Molinier, instituteur, Réaup.
M. Mombet, boulanger, Espiens.
M. de Monbrison, château de Muges, Damazan.
M. Matias Morhardt, rédacteur au *Temps*, Paris.
Mme J. Moulié, Nérac.
M. Mouly, secrétaire en chef de la Sous-Préfecture, Nérac.
M. Moussaron, Nérac.
M. Mulle, professeur de dessin au Collège, Villeneuve-s-Lot
Mme Munet, professeur à l'Ecole Sup. de Filles, Nérac.
Mme Mussotte, Nérac.
M. Naudin, Banque Guillot, Nérac.
M. Nogué, Ingénieur des T. P. de l'Etat, Nérac.
M. Noirel, Lavardac.
M. Marcel Prévost, de l'Académie française, Paris.
M. Pachet, commis-greffier, Nérac.
M. l'abbé Pagès, curé de St-Léger.
M. Pallas Joseph, rue Sully, Nérac.
M. Panouillères, Asnières.
Mme Vve Passet, Nérac.
Mme Payros, Société Immobilière, Tanger.
M. Paysas, pâtissier, Nérac.
M. Paysas, parfumeur, Bruxelles.

M. Péchoutre, professeur agrégé, Nérac.
M. Penchade, arbitre de Commerce, Nérac.
M. Péreuilh, propriétaire, Nérac.
M. Périssé, propriétaire, Asquets.
M. Peyrat, épicier, Nérac.
M. Peyrau, teinturier, Nérac.
M. Peyron, Brasseries Laubenheimer, Nérac.
M. Pezé, négociant, Nérac.
M. Pidoux, fondé de Pouvoirs Recette des Finances, Marennes.
M. Piètre, pâtissier, Nérac.
M. Pouy Junior, Fréchou.
M. Premier, Receveur des Finances, Nérac.
M. Préneron, propriétaire, Nérac.
M. Proust, Juge de Paix, Agen.
M. Rabier, huissier, Nérac.
Mlle Rance, Nérac.
M. Raoux, Ingénieur des Ponts-et-Chaussées, Nérac.
M. Rémy, mécanicien, Nérac.
M. Ricaud, direct. d'Ecole en retraite, Tonneins.
M. Ricaud Gabriel, propriétaire, Lausseignan.
M. Richard, Préfet, Paris.
M. le docteur Richard, Bayonne.
M. Richard, Juge de Paix, Francescas.
M. Rimajou, tailleur, Mézin,
M. Rivière, officier d'Administration, Le Hâvre.
M. Rodes Jean, Agen.
M. Roquaing Emile, Nérac.
M. Rotgès, Inspecteur primaire honoraire, Nérac.
Mme Roudié, Agen.
M. Roulliès Jean, Agen.
M. Roumeau, transports, Nérac.
M. Rousse Félix, Nérac.
M. Roux, Cordier, Nérac.
Mme Emilia Rouy, Nérac.
Mlle Rozis Jeanne, avocat, Nérac.
Mlle Saint-Antonin, institutrice, Houeillès.
M. de Saint Loup, château de St-Loup, Montagnac.
M. de Saint Exupéry, chât. de Parron, Mézin.
M. le docteur Saintrailles, Nérac.
M. Salat, menuisier, Nérac.
M. Salles, négociant, Nérac.

M. de Sangues Robert, Gironde.
M. Sanselme, receveur des Finances, Castres.
M. Sarrat, lieutenant de Gendarmerie, Nérac.
M. Saunion, s.-Inspecteur d'Agriculture coloniale, St-Louis.
Mme Selsis, Nérac.
M. Seguin, direct. de l'Usine à gaz, Condom.
Madame Sengenès, Montauban.
M. Sentou, greffier du Tribunal Civil, Nérac.
M. Séron, propriétaire, Nérac.
M. Serret, propriétaire, Andiran.
M. Seurin, percepteur, Puch d'Agenais.
M. Sourgens, propriétaire, Pompiey.
Syndicat d'Initiative, Nérac.
M. de Tartas, château de Trignan, Mézin.
M. Terrière, négociant, Marmande.
M. Teyssier, député de la Gironde, Pauillac.
Mme Thévenin, Paris.
M. Thibault Armand, Toulouse.
M. l'abbé Tinchou, curé de N.-D., Nérac.
M. Thomé, Préfet de Lot-et-Garonne, Agen.
M. Touron, propriétaire à Puy-Fort-Eguille.
M. Jean Touron-Dupin, Nérac.
M. Tramicheck, secrétaire de la Mairie, Moncrabeau.
Mme Trenty, château Labroue, Damazan.
M. Turrel, greffier, Nérac.
M. Valdès, Juge d'Instruction, Nérac.
Mlle Madeleine Vesseron, Nérac.
M. Vidal, forgeron, Moncaut.
M. Viralode, ex-Receveur des Postes et Télégraphes, Nérac.
M. l'abbé Winsweiler, curé de Xaintrailles.

IMPRIMERIE
GARONNAISE
TONNEINS

www.ingramcontent.com/pod-product-compliance
Ingram Content Group UK Ltd.
Pitfield, Milton Keynes, MK11 3LW, UK
UKHW020408190726
13838UKWH00006B/178

9 782329 201283